松本公一

テーマパークのプロの感動をつくり出す仕事

なぜ、ゲストはリピートするのか？

講談社＋α《プラスアルファ》新書

はじめに

10人前後の小さな会社が、なぜ業界最大手を圧倒できたのか

東京ドームシティ アトラクションズ、志摩スペイン村、ハウステンボス。私は、このようなテーマパークや遊園地のアトラクションなどを開発する仕事をしてきました。

社員数10人前後の小さな会社で、創業間もない頃から競合相手の大きな会社を押しのけて、アトラクションの開発制作を任せてもらうことができました。

どうやってそれを可能にしたのか？ それこそ私がこの本で伝えたいことです。

私たちが手掛けたアトラクションの代表作には、最新機器を用いて宝探しと迷路とを組み合わせた、東京ドームシティの「ルパン三世～迷宮の罠」や、車輪つきのボート（水陸両用ライド）で、今も語り継がれる日本初の仕掛けをほどこした志摩スペイン村の「アドベンチャーラグーン」などがあります。

体験型展示イベントも数多く制作してきました。今も全国で開催されている、恐竜時代の森を再現し動く恐竜ロボットたちを配置した「ジュラシック大恐竜展」や、ゲストが人体の中に入ってその仕組みを学ぶという「からだのひみつ大冒険」展などです。動く恐竜展は他社も似たようなイベントを開催していますが、私が代表を務めていた会社ドリームスタジオが、日本で初めて実施したのです。

私の仕事は、その要素を抜き出すと次の3つです。

①ゼロからイチを生み出すこと。
②アイデアを具現化すること。
③テーマパークを訪れたお客様＝「ゲスト」に、アッと驚く体験をしてもらい、心から感動をしてもらうこと。

3つめの「ゲスト目線の感動」を生み出すことは実はとても難しく、これが自在にできるようになるまでには、多くの失敗を経験しました。

失敗の連続を経て「古い自分から新しい自分へ」

かく言う私は、40歳を過ぎるまでまったく畑違いの仕事をしていました。東洋エンジニアリングという企業の社員で、中近東諸国に石油化学工場をつくるための営業担当として長年働いていたのです。

それが一転したきっかけは、東洋エンジニアリングがテーマパークを開発する新会社フューチャリスト・ライドアンドショー（のちのドリームスタジオ）に出資し、私がそこの実務上の責任者になったことでした。当然、最初は失敗の連続でした。

東洋エンジニアリングには会社としての実績と信用があり、それをベースとして仕事が成り立っていました。しかし新会社には何の実績もありません。唯一の頼みの綱は、この会社が日米合弁でつくられ、アメリカ側パートナーがディズニー出身者だということでした。

そこで、テーマパークを計画中や運営中のクライアント企業に営業をかける際、アメリカのパートナー会社の実績を語り「本場アメリカの専門集団を起用するので任せてください」と力説しました。しかしどこに行っても暖簾《のれん》に腕押しで、成約にいたることはありません。

それはむしろ当たり前で、クライアントからすれば、親会社やパートナー会社がどうであれ、どんなものをつくってくれるのか具体的に示してくれないと、考える余地がないのです。恥ずかしいことに、このことを理解するのに1年かかりました。日本中を駆け回り1年かけて、自分のこれまでのやり方は何の役にも立たないことを、はっきり知ったのです。

新会社には「具体的に何ができるのかを明確に示す」しかないと痛感し、そこから百八十度方針を転換しました。クライアントを徹底的に調査し、望まれているものは何か検討を重ね、具体的な提案を作成しました。

提案するアトラクションの中で、ゲストはどんな体験ができるのか。アメリカのパートナーの手法を真似て、シーンごとに作成した何枚もの大きなイラスト画を用いて説明しました。さらに、このアトラクションは時間当たり何人くらいが利用できるのか、ピーク時の待ち時間はどれくらいか、待機場所をどう確保するかまで、具体性をもってプレゼンしました。

クライアントから「私たちのところにぴったりなアトラクションが何か教えてもらえたようです。ゲストの体験も想像できたし、とにかくわかりやすかった」。そう評価してもらえるようになり、高い確率で仕事を獲得していけるようになりました。

失敗が糧となり、アメリカのパートナー会社の実績や、エンジニアリング会社仕込みの効率重視の技術力といったことに囚われていた**古い自分から**、「ゲストがどんなに楽しいことを体験できるか」という「ゲスト目線」を理解しようとする**新しい自分へと変わった**のです。

このときから、自分も会社も「ゲストの感動」を目指していくのだと、心に決めました。しかし実際には、「ゲストにとって真の大きな感動」をつくり出すことはとても難しく、コツをつかむまでには長い時間がかかりました。

本書では、こうした私の経験をもとに、**「ゲストの感動」を生み出すにはどうしたらよいか**をひもといていきたいと思います。

失われた30年、底辺からの出発

新会社は、初めから厳しい環境下でのスタートでした。会社を設立した頃にはすでに、全国で計画されたテーマパークは建設中か、完成しているかという状況でした。本来はテーマパーク開発会社としてスタートしたはずなのに、テーマパーク開発にはなかなか携われず、各地の進行状況を指をくわえて見ているしかありませんでした。

設立数年後にはバブルが崩壊し、各地のテーマパークも多くが資金難などの苦境に陥っていきます。新会社は出遅れていたために、結果的にはバブル崩壊に飲み込まれずに済みましたが、テーマパーク冬の時代という底辺の状況からスタートすることになったのです。

それでも、進行中のテーマパーク計画の中で「画期的なアトラクションを追加したい」という要望はちらほらとありました。そこで私たちはアトラクション開発に軸足を置き、コンペに参加したり、こちらから具体的なプランを持ち込んだりしていきました。

しかし「失われた30年」とも呼ばれる平成の長引く不景気の中で、ついに2001年、親会社の東洋エンジニアリングが閉業を決定します。

そのときにはもう、テーマパーク事業がすっかり好きになっていた私は、「だったら私がこの会社の仕事を引き継ぎます」と宣言しました。自分の会社として背水の陣で再出発することにしたのです。

今から考えると、50歳を過ぎての独立はあまりに無謀だったかもしれません。でもすでに、私は心からこの仕事が好きになっていたので、不思議と迷いはありませんでした。

社名を変更して再出発した会社「ドリームスタジオ」は、当初たった4人でしたが、それまでの実績をクライアントから評価され、地道に力をつけていきました。社員数は多少増えおおむね10人前後、私が退任したときで20人超という、少数精鋭の小さな会社です。

そんな小さな会社が、日米合弁で得たノウハウを武器にアトラクションの企画、設計、施工まで一貫して手掛けていきました。1件で10億円近くにもなる仕事を、これまでにいくつも請け負っています。

アメリカのレジェンドたちから学んだ「真のゲスト目線」

なぜこんな小さな会社が、ライバルの名立たる大企業にも伍していけたのでしょうか。

最大の理由は、アメリカのエンターテインメント業界のレジェンドたちから多くを学び、「真のゲスト目線」を持つ企画発想力を身につけていったからです。

私たちは、かつてウォルト・ディズニーのもとでディズニーランドの代表的なアトラクション「イッツ・ア・スモールワールド」の外装をデザインしたローリー・クランプ氏や、ディズニーランドや東京ディズニーランドの第1期のエレクトリカルパレードの演出を手掛けた著名な演出家ロン・ミジカー氏など、そうそうたるメンバーとともに仕事をする幸運に恵まれました。

彼らと一緒に仕事をし、仕事の手順や発想の進め方などを学ぶ中で、もっとも印象に残ったのは**「そのシーンを、自分の頭の中にどれだけはっきり描ききることができるか」**を大切にしているということでした。これはつまり、「ゲストになりきった自分が、そのシーンの中で心から驚くことができるか」ということです。これこそが**「真のゲスト目線」**で、どれだけ**ゲストの気持ちになりきれるかが勝負**なのです。

その勝負ラインを念頭に、こだわり抜いてつくり上げたアトラクションやイベントが実績となり、次々と新たな仕事を得られるようになっていきました。「あのアトラクションを手掛けたドリームスタジオに、新アトラクションの相談をしたい」「今案件をお願いしている某社から、構想に合ったものがどうしても出てこないので、ドリームスタジオの具体的な提案がほしい」といった依頼が増え、ドリームスタジオは日本のエンターテインメント業界で、「アメリカ仕込みの『驚き』をつくれる会社」として一定の存在感を発揮しています。

あなた自身を「真のゲスト目線」にする方法

大量生産・大量消費社会を経て、成長社会から成熟社会となった日本において、これからのビジネスの課題は何でしょうか。

それは、どうやってお客様（ゲスト）に、

・選んでもらうか。
・喜んでもらうか、感動してもらうか。
・ファンになってもらうか。
・リピーターになってもらうか。

これは容易なことではありません。そのために多くのビジネスパーソンが頭を悩ませ、さまざまな企画に取り組んでいると思います。

飲食業、宿泊業、小売業などの集客・販売にかかわるサービス業の人々から、製造業などのものづくりにかかわる人々まで、ゲストを意識した企画を立てることが必要なシーンはたくさんあります。

ところが、企画を立てるときは確かに「ゲストファースト」の発想で出発していても、さまざまな要因によっていつの間にかまったく違う形で完成してしまった、という経験をした人も多いのではないでしょうか。

予算がないからそれは無理だと周囲に言われたり、前例がないからと上司や関係者から渋い顔をされたり、やりたいことにキャラクターの権利保有者（ライセンサー）がいて許諾がとれなかったり。そういう条件的なもので、最初の理想をどんどん諦めて、結局最後は「つくり手の論理」で着地してしまうのです。よくあることのようですが、それは私に言わせれば、悲しいかな「敗北」です。

私も初めは「つくり手の論理」に囚われ、さまざまな失敗をくり返しました。しかし、アイデアを考えるときに頭の中でゲストの顔が「見える」ようになってきてからは、受け手の気持ちになって発想する「真のゲスト目線」の企画を実現できるようになりました。

・どうしたらゲストの気持ちになりきってアイデアを発想できるのか？

・ゲストの心をつかみ、選んでもらうにはどうすればいいか？

本書には、私の経験を通じて得た学びから、このふたつの疑問に対する答えをふんだんに盛り込みました。

「お客様に、ファンになってもらいたい。リピーターになってもらいたい」

こうした願いを抱えているビジネスパーソンの参考になれば幸いです。

テーマパークのプロの感動をつくり出す仕事　なぜ、ゲストはリピートするのか？／目次

第1章　ゲストを感動させる「こだわり」
——「ルパン三世〜迷宮の罠」

第3章 心を動かす「驚き」「発見」のつくり方
――「ジュラシック大恐竜展」

第4章 「失われた30年」に唯一右肩上がりを持続
――「スパリゾートハワイアンズ」

第5章　値下げは禁物、値上げしたら殺到
――「価値提供ビジネス」から見た価格と口コミ

第6章 「物語」は最強の武器
——主力は世界観を持った「ランド」開発に

最終章 リピーターが求める感動価値を生むために
——あなたが今やるべきこと

序章

クリエイターの「直球」の思考法

——潜在力が上がる「今からやろう会議」

「見ているか見ていないかは天と地ほども違う」

私は40歳になって間もなく、異業種から突如テーマパーク業界に飛び込み、テーマパーク開発会社の実務上の責任者となりました。そして50過ぎに親会社から閉業を告げられたことで、その会社を引き継ぎ独立しました。

退職金も新会社につぎ込み、客観的に見れば、あまりにも無謀だったでしょう。よく家族が理解してくれたと思います。当時はただ「この仕事を続けたい」という一心でした。

「ドリームスタジオ」という小さな会社がそれでも業界で一定の地位を得ることができたのは、日米合弁会社としてスタートしたことでアメリカのテーマパーク業界のレジェンドたちと数多くの仕事をし、経験を積めたという幸運があったからです。彼らとの仕事を通じて、日本とアメリカの違い、特にテーマパークというソフト産業での考え方や仕事の進め方の違いを、さまざまな形で知ることができました。

アメリカはテーマパーク先進国です。一方で、私がテーマパーク業界に飛び込んだ１９８９年当時の日本は、東京ディズニーランドが開園6年目と、まだまだテーマパーク黎明期でした。全国各地で手探りでのテーマパーク開発が進められていたのです。

私たちはクライアントから「計画を一部変更してでも、アメリカ仕込みの本格的なアトラクションをつくりたい」と要望されていました。この「アメリカ仕込み」を実現する過程で、アメリカ人クリエイターとの仕事から多くのことを学んでいったのです。

まず感じたのは、彼らが「自ら見ること、体験すること」に重きを置いているということです。彼らの会議では、それぞれ具体例を出しながら話が進みます。「ここは、○○アトラクションの△△のシーンのように、乗り物が進む正面の空中に、突然キャラクターが現れるようにしよう。そのためには……」。話し合いの中で、各シーンの世界観が出席者たちへと明確に共有されていくのがよくわかります。

クリエイターと言われる人たちは、あらゆるパークに行きすべてを見ているのではないか？　と思うくらい、さまざまな経験を積んでいろいろなことをよく知っています。彼らにとって「見ること、体験すること」は、発想を進めるうえで必須要件なのです。

最初の頃は、新参者の私にとって知らないことだらけでしたが、彼らは質問すれば丁寧に教えてくれました。

ロス在住でサーフィン好きのデーモン・ダニエルソン氏は、アトラクションで使用する特殊映像づくりのプロで、とても気が合いました。

「見ているか見ていないかは、天と地ほど違う。見ていなければ人を説得できない」と彼は私に言いました。この言葉は心に深く残り、その後私はどこに行っても、少しでも空き時間があれば参考になるものを見に行くことが習慣になりました。その結果、彼の言うとおり、見ていることは自分に自信を与え、相手を説得するときの決め手となりました。

「見ることは、見ていないを常に上回る」と確信したのです。

ネットの時代の今、誰でも簡単にネットで得られる情報は、一般知識としては有効です。しかし、新しいことを発想し組み上げていくためには、自分の目で見て心で感じることが重要で、これをしまっておく「感動の引き出し」を持つことが大事です。

「勝負は、自分の〝引き出し〟にどれだけネタを持っているかだよ」と言ったのは、ロボット会社社長のジョン・マーチ氏でした。往年の俳優ジョン・ウエインを彷彿とさせる偉丈夫のマーチ氏は、人づきあいが上手で、いろいろなクリエイターやデザイナーを紹介してくれました。彼の引き出しには、とてつもなくたくさんの人脈も詰まっていたのです。

私もその言葉を胸に、さまざまな体験や、たくさんの専門家との会話、その中で得たものなどを、自分の〝引き出し〟にしっかりと入れてきました。こうして得た「生きた情報」

は、新しいことを生み出すときに大いに役立ちました。

「自分にとって面白いもの」は何か

アメリカ人クリエイターたちは、「どうしたら面白くできるか、どうしたらゲストがビックリしてくれるか」という「本質」の話を、率直にやりたがる傾向があります。それに対して日本人は、「決まったこと、予算の縛り、つくり手の論理、ここにいたるまでの沿革」などの「前提」を重視しがちです。もちろん、事業としてのフレームワークを俯瞰して見ることも必要なときはありますが、アトラクションの企画のようにゲストの心を動かすものを発想するときには、レジェンド流で「面白いかどうか」を直球で考えたほうがいいのです。

それでは、なぜ日本人は彼らのように、率直に「面白いかどうか」を追求する方向へ思考できないのでしょうか。

われわれ日本人は、これまで取り組んできた事業のフレームの中での問題解決は得意ですが、「新しい価値を生み出す」ことが求められ、かつその新しい価値がお客様（ゲスト）の心に感動を提供するものとなると、とても困難に感じるのです。

つまり、ある問題が起きると、過去の類似した経験からそれを解決するための答えを導き出していくことには慣れています。

この問題解決型の思考においては、お客様を一定の集合体と考え、それに対して最大公約数的な解決策を出すというのが一般的です。そうしたやり方に慣れきっていると、予定調和のステレオタイプの答えを出すことばかり得意になりがちで、新しい発想というものはなかなか出てこないのです。

私が一緒に仕事をした、ディズニーパークの有力メンバーだったアメリカ人たちは、最大公約数でなくまず自分にとって面白いものや楽しいものが何かを考え、次にそれが他の人＝「ひとりのゲスト」にとって楽しいものかどうかを、見極めようとします。

考える出発点が違うのです。

新しい価値をつくり上げようとするときに大事なことは、**自分にとってそれが本当に面白いかどうか、価値あるものかどうか、主観的に考える**ことです。そのうえで、それが**他の人（ゲスト）にとっても価値があるかどうかを見極めていく**という順番になります。

ただし、自分中心で主観的に考えるといっても、独りよがりや自己満足では意味がありません。それを打破するには、**これまで自分やみんなが当たり前に大事だと思ってきたことを、「本当にそうなのか？」と何度も疑って考えてみる**ことがポイントになります。議論の場でも、多数が賛同し納得していても、自分は「本当にそうなのか？」という疑問を持つことから始めるのです。そうすることで、自分の思考回路を活性化し、思考の幅を広げることになります。

私の場合、アトラクションづくりの出発点でふたつの誓いを立て、議論や行動をしてきました。その誓いとは、

①「これまでに経験したことのない2段上のもの」をつくる覚悟。

②それは本当に面白いか、ひとりでとことん執念深く考え、みんなでとことん議論し、安易に妥協はしない。

数々のアトラクションや体験型展示イベントが、この誓いのもとに生まれていきました。

どうやって社員それぞれが覚悟と勝ちグセをつけたか

ドリームスタジオは小さな会社ですが、相対するクライアントは、鉄道系の関連会社、レジャー専業の東京ドームシティやハウステンボスなど、大きな会社ばかりでした。競合とな

るのは当然、そうしたクライアントとの結びつきの強い大手広告代理店や、大手遊戯機器メーカーなどです。資金力や営業力では到底かないません。

私は小さな会社が大手に勝つために必要なものは何か、ずっと試行錯誤してきました。そうして私なりに見極めたのが、次の3点です。

①目標を持ち、目標に向けてメンバーが団結する。

②メンバーひとりひとりが会社を背負う覚悟を持つ。

③勝ちグセを身につける。

つまり、「小が大を倒す」という気構えを会社全体で共有し、担当者だけでなく担当者以外も団結することが大切で、ここからメンバーの潜在力は引き上げられるのです。

このために具体的に取り組んだのが、社内での**「今からやろう会議」**でした。この会議では、コンペへの参加・準備・結果、追いかけている案件の内容、受注できたものだけでなく失注した理由や資金繰りなど、すべての情報を議題に挙げて、社員全員で共有しました。

そうすることで、全員が「自分の会社」という意識を持ち、「小さいけれど大手に勝つにはどうすればいいか？」という目線で物事を見ることができるようになりました。

たとえばコンペのとき、「他よりも少しいいね」と思われる程度の内容では、クライアントは小さい会社になど発注しません。「圧倒的な差をつけない限り、コンペには勝てないんだ」という意識が、全員に芽生えていきました。「他社が考えるであろう内容の、〝2段上のもの〟を出すしかないんだ」という私の呼びかけが、しっかりと受け止められるようになっていったのです。

メンバーは「もっと上、もっと上があるのでは」と考えるようになり、そのための新しい情報を懸命に探し求めるようになりました。コンペの資料づくりでも、「クライアントに企画のよさを実感してもらうために、もっとインパクトのあるものを出せないか」とひたむきに考え、大手がやらなかったビジュアルによる再現演出や動く模型などを、情熱をもってつくるようになってくれました。

安心感と自由な発想を生むトップの3つの役割

こうしてコンペに勝てるようになっていくと、いつの間にかメンバーの間に「小が大を倒す」ことは可能なんだということが、おぼろげながら実感できるようになっていき、「勝ちグセ」もついていきました。

こうしたよい意味の緊張感を維持するため、会社のトップとしての私の役割は3つありました。

①前向きなことには、費用面で制限をつけない。

②即断即決、スピードを重視する。

③リスクをとる。

トップがこの3つを実行するだけで、社内のメンバーたちには安心感が生まれ、自由に発想し、自由に意見を言えるようになるものなのです。

むしろこの3つこそが、小さな会社の強みだとも言えます。

費用面で制限をつけないということは、大きな会社の人たちなどからは特に驚かれました。彼らは出張をしようとしても、「この出張はなぜ必要なのか」と理由を書面にしたため、経費を算出し、何日もかけて稟議を通さなければなりません。

しかし私たちは、国内出張はもちろん海外出張でも、「行きたい」あるいは「行くべきだ」と思い立ったらすぐ、ぱっと出かけていきました。どこかの国に斬新なテーマパークができたと聞けば、すぐさま見に行きました。「見ているか見ていないかは、天と地ほども違う」というダニエルソン氏の言葉を実践していたのです。

コンペやプレゼンテーションで使う、アトラクション全体の流れをビジュアルで説明するイラスト画なども、アメリカのプロに頼むと当時から制作に１００万円ほどかかってしまいましたが、必要経費だと割り切ってすぐに発注していました。

小さな会社が大きな会社のように、「１００万円の制作費に対するリターンはどれぐらいなのか見積もりを出せ」「リスクはどれくらいなのか説明しろ」などとモタモタしていては、大きな会社になんて勝てません。そこはトップがリスクをとって、即断即決すべきなのです。もちろん、１億円のリスクと言われればそう簡単にはとれませんが、１００万円のリスクなどは、即断即決できるものです。

やるべきときは思い切ってやる。トップがそう宣言し、行動することで、メンバーたちに制限のない自由な発想が生まれるようになるのです。

テーマパークなどのエンターテインメント業界は、**人に「感動」を提供する「価値提供ビジネス」**です。

そして**感動とは、「驚きなど、受け手の想像を超える『引き金』を体験することで、心が強く動かされ、脳に記憶されていくこと」**だと、私は考えています。

ゲストの想像を超えるものをつくり上げ、ゲストに「感動」を届けるという仕事はとても難しいですが、その分やりがいのあるものです。

「感動」について脳科学者の茂木健一郎氏は、「自分の脳の働きを変える一番いい方法は、『感動する』ということです。感動することほど、人を変えることはありません」と言っています（『脳が変わる生き方』ＰＨＰ研究所）。人は心の奥底で本能的に「感動する」ことを求めていると私は思います。驚きという引き金によって感動を得られたとき、人はそれに大きな価値を感じ、心に深く刻んでいくのです。

今の日本では、あらゆる業界・業種で、「ゲストに喜びや感動という価値を届けるためにはどうすればいいか？」ということが、盛んに考えられています。しかしなかなか答えが見つかりません。

長年、感動という価値を提供するためにアトラクションや体験型展示イベントをつくってきた私の経験を通じて、どうしたら「ゲストに感動してもらえるか」をひもといていきたいと思います。

第1章

ゲストを感動させる「こだわり」

──「ルパン三世～迷宮の罠」

1 ロングランのアトラクション誕生の秘訣

東京ドーム地下遊園地のコンペに挑戦

テーマパークの仕事は、テーマパークを訪れたお客様＝ゲストに、感動を提供するというものです。記憶に残る価値あるものを人々に提供する**「価値提供ビジネス」**の、最たるものでしょう。

私は長年テーマパークの仕事を手掛けながら、ゲストに感動してもらうにはどうすればいいのかを考え続けてきました。

序章で述べましたが、私は**感動とは、「驚きなど、受け手の想像を超える『引き金』を体験することで、心が強く動かされ、脳に記憶されていくこと」**だと考えています。

そのためゲストに感動してもらうには、**つくり手が「こだわり」をもって仕事をすること**が何よりも大切です。「極めて平凡な答えじゃないか」と思われるかもしれませんが、「こだわり」こそが第一に重要なのです。

第1章ではまず、２００９年から10年続く人気アトラクションとなった東京ドームシティアトラクションズの「ルパン三世〜迷宮の罠」の事例を通して、「こだわり」とはどういうものであるべきかをお伝えします。一方で、つくり手の「こだわり」が受け手に届かないという失敗例も、私自身の例も含めご紹介します。

「ルパン三世〜迷宮の罠」（41ページ写真）というアトラクションをつくることになったのは、東京ドームシティにあるジオポリスという地下遊園地で、リニューアルのためのコンペに参加したことがきっかけでした。

コンペのテーマは、「東京のど真ん中の地下遊園地にふさわしい、都会的なアトラクション」というものでした。

コンペに向けての社内での検討会ではさまざまな案が飛び交いましたが、「これだ」というものがなかなか出ませんでした。このときゲスト目線からの意見もほしいと思い、普段は企画づくりには参加しない総務部長にも、オブザーバーとして会議に参加してもらっていました。会議が行き詰まった頃、その総務部長から「ルパン三世はどうでしょう？」という言葉が出ました。その瞬間、期せずしてみんなが「そうだ、それだ！」と膝を打ちました。

首都東京のど真ん中にある都会的な東京ドームと、ひねりの利いたおしゃれな「泥棒」ルパン三世のキャラクター、これ以上にぴったりくるものはないとみんな感じたのです。

そこで、アトラクションの設定は「東京ドームの地下遊園地奥のルパン三世のアジトに、ルパンが盗んだお宝が隠されている」ということにしました。ゲストはルパン三世のライバル・銭形警部から頼まれ、「お宝回収器」を持ってアジトに侵入し、お宝を取り返しに行きます。いわゆる「ミッション遂行型アトラクション」です。

ところがルパンのほうが一枚上手ですから、ゲストがお宝を取り返しに来るというのはちゃんとわかっていて、本物のお宝とそっくりなお宝をふたつ並べています。そしてゲストが悩んでいるのを見て「やれるものならやってみな!」と楽しんでいるという設定です。

ゲストは、最初に回収を指示されたときのお宝の画像の記憶や、額の中に示されたお宝の由来などを参考にしながら、ふたつのうちのどちらが本物のお宝かを考えます。「こっちだ」と思って回収器をかざすと、ガラスケースの中のお宝がぱっと消え、音を立てて回収器に吸い込まれて、画面の中に現れるのです。こうしてゲストは次々にお宝を回収していきます。

所定のお宝を回収して出口までたどり着くと、回収したお宝が本物なのかどうかや所要時間などによって、最終的なランクとスコアが表示されます。そのスコアにより、たとえば

ルパン一味と銭形警部を立体レリーフとした入り口の看板。
キャラクターたちと一緒に写真を撮るための行列ができた。

「お前は泥棒としては、まだまだだな」といったルパンの採点コメントがモニター上に表示されます。

都会・地下・体験型・迷路・宝探し、といった要素がぴたりとはまる企画となりました。

ルパン三世の版権を持っている「ライセンサー」は、日本テレビ放送網株式会社と、アニメ制作の株式会社トムス・エンタテインメント（略称・ＴＭＳ）、そして原作者のモンキー・パンチ氏です。コンペに出す前に企画をざっくりとですがまとめ、条件もある程度固めて、版権者へ了解をとらなければいけません。大至急つくって持っていき、「私たちはこういうアトラクションをつくりたい」と熱く話し、コンペ参加のための了解をとることができました。

いよいよクライアントである東京ドームの人々に向けてプレゼンとなりました。その最中から「これは確実に決まったな」と思えました。プレゼンを聞いている相手の反応が、いつもより格段にいいのです。案の定、無事にコンペを勝ち抜くことができました。

とはいえ、コンペは序の口です。アトラクションの完成までにクリアしなければならないことは、まだまだたくさんあるのです。

「ルパン三世」を担当した社内チームの主要メンバーは、当時60代の私と、40代の技術制作担当、そしてルパンファンの30代美大卒プランナーの3人です。少人数ですが、だからこそ意思疎通は抜群でした。

30代のプランナーは本当に楽しそうに、企画の詳細をあれこれと詰めていきました。彼は当然それまで、ルパン関連のマンガやアニメ、映画も観ていましたが、この仕事を始める際に再度すべてのDVDに一から目を通し、アトラクションのストーリーを練り上げました。ライセンサーがつくる実際の映像やナレーションとの細かな調整も担当してくれました。

さらにこのときは、チームメンバーみんながゲストになりきって「回収器をこう持って、ハンドルを回したらどうか？」「いやそれだと耐久性に問題が出る。吸い込んだというイメージを出すには、リアルな音で表現するのがいいだろう」などと話し合いを重ねながら、さまざまなディテールにこだわってつくり込んでいきました。だからこそつくり込みの最中から、私は「これは面白くなるぞ」と確信していました。

お宝が消える仕組みは、ホログラムの原理を採用しました。ガラスケースの中のお宝は、実はハーフミラーに映る虚像で、照明を消すとぱっと消えるというわけです。ディズニーランドなどでも多用されている手法で、「ホーンテッドマンション」というアトラクションの中でゴーストたちがホール内で踊るようすなども、すべて虚像でつくられています。

つくり手チームとライセンサーのぶつかり合い

キャラクターの権利を持つライセンサーは、キャラクターに対する愛着と思い入れ、こだわりが強いのは当然です。そこで悩ましいのは、マニアックな方向に行きがちなことです。「こだわりが大切」とはいえ、ライセンサーの思い入れからくる要望をすべて聞いていたら、絶対に失敗します。アトラクションづくりでは**多くのゲストにウケるよう「一般化」す**

ることも必要なのです。そうして出すこちらの意見は、思い入れの強いライセンサー側からすると「それはちょっと違う」と反発されてしまうことになります。

ルパン三世の企画でコンペに勝利した後、その細部について練り上げていく間も、特に大変だったのはライセンサーとの交渉でした。40年近く前から続くこの人気コンテンツを守り発展させてきた、TMS社のベテラン幹部を説得しなければなりません。

いろんなぶつかり合いはありましたが、もっとも調整に苦労したのが、アトラクションの迷路の中で「ルパンが本物のお宝とそっくりな偽物を並べておく」という設定についてでした。

こうすれば「お宝回収」というシンプルさに、ゲーム性が加わります。ところがライセンサーは、「泥棒のルパンがそんなことはしない、それはおかしい」と言います。そう言われれば確かにそうなのですが、アトラクションを一般向けに面白くするためには、こちらも簡単に譲るわけにいきません。

ライセンサーが懸念していたのは、「なぜお宝と偽物のふたつを並べるのか」という点です。これに対しては、「ルパンはゲストがお宝を取り返しに来るのを予測したので、いたずら心からゲストを試してやろうと思って、本物そっくりの偽物を用意したのです。つまりルパンのほうが、ゲストよりも一枚上手という設定です」と説明しました。

さらに、「ゲストは『二者択一』という小さな悩みを持つことで、ゲーム的面白さが増すことになる」という点を詳しく説明しました。「二者択一なしにお宝を探すのでは、ゲストは単純すぎると感じてしまう」懸念があること、「もしもお宝を、迷路内で探して回収していくだけにするなら、当初予定の3つではなく5つや6つに増やすほうがいい。ただしこれだと、時間制限がある中でゲストが迷路の中を走り回ることになるだけで、ゲーム要素は生まれない」ことを伝えたのです。

その結果、ふたつ並んだお宝から二者択一でゲストに選んでもらうという設定に納得してもらうことができました。

ライセンサーも、「ルパンのほうが一枚上手」という筋書きと、「どちらが本物かの二者択一を迫られることで、ゲストに小さなドキドキ感が生まれる」ゲーム性があるほうが魅力的だ、と理解してくれたのです。

実際に完成後、ゲストはアトラクションのゴール地点で、お宝探しの答え合わせでモニター画面上に判定結果が現れるのを待つ間、「どうだろう?」という小さなドキドキ感を楽しんでくれていました。「やはり、偽物と本物のふたつのお宝を並べるという設定について、頑張って交渉してよかった」と胸をなでおろしました。

つくり手のわれわれとしては、エンターテインメントはマニアックにいったら失敗する、**ゲストの体験＝エクスペリエンスにこそ重要な価値があり、それを優先すべき**だ、という信念があります。

相手は二次元の映像のプロで第一人者だけれども、三次元の体験という観点では、私たちのほうがプロなのです。そのせめぎ合いは、相当ありました。

助かったことは、ライセンサーも自分たちの「ルパン三世」を多くの人たちに知ってもらう施設を、東京のど真ん中につくりたいという熱意は持っていたことと、でき上がったものが「つまらない」とゲストに酷評されたくないと考えていたことです。「面白かったね」という評判がほしいということで、最後はこちらの意見に耳を傾けてくれました。

まとめると、ライセンサーとの意見が食い違った場合など交渉では、次のような対応をすべきです。

①こちら（つくり手）の提案が、キャラクターの個性（本質）と食い違うことがわかった

場合には、先方に理があるので潔く引き下がる。

②アトラクションの内容の面白さをめぐっての論争は主観的なものになるため、なかなか収まらない。解決策として、ふたつの案を示す。

ひとつめの案は、こちらの主張に沿うもの。その中に「こうすれば〇〇という利点がある」と提示する。ふたつめは先方の主張を斟酌《しんしゃく》しつつ、「そのままの案では△△という問題があるが、こういう形なら実現の可能性がある」と変更案を提示する。

このふたつを提示すれば、ひとつめの案に納得してくれることがほとんどである。大事なことは、先方の言うことをしっかり受け止めて検討したと示すこと。

③こちらがどうしても譲れないこと、根幹にかかわることについては、その重要性について熱をもって話すことが大事。情緒的なようだが、相手は言葉以上に、こちらの熱量を感じ取ることでその重要性を受け入れる気になってくれるのだ。

ライセンサーならではのアイデアが光った瞬間

実は、キャラクターをテーマとするアトラクションをつくるときにいちばん悩むのは、キャラクターをアトラクションの中にどうやって登場させるかです。

アニメで見慣れたキャラクターたちは、自由闊達に動いていますが、それを三次元の限られた空間の中にどうやって取り込めばよいか？

いちばん簡単なのは映像として登場させることです。しかしそれではテレビや映画を見ているようなものなので、三次元のアトラクションとしてはもっとこだわりたいものです。かといって、キャラクターたちを動く造形物（フィギュアやロボット）として登場させたとしても、ゲストはかえって違和感を覚えてしまう危険があります。

ルパン三世のときも、ライセンサーは「ディズニーパークのように、キャラクターをフィギュアで登場させられないか」と問いかけてきましたが、これにはつくり手として断固として反対しました。

なぜなら、動いているライドに乗ってほんの一瞬フィギュアを見せるのならまだしも、このルパンのアトラクションのようにゲストが足を止めてじっくり見ることができる場合、ゲストは驚きよりもやはり違和感が勝ってしまう恐れがあったからです。

企画を考えるときにとても大事なことは、**頭の中に詳細で具体的なイメージを描き出し、自分がゲストになりきってその中に入り、「そこでどう感じるか」を自問自答することです**。そうしたとき、**自分が少しでも違和感を覚えたらやり直すべき**です。

このときは、ルパンたちを造形物で登場させる有効なシーンを、どうしても思い描けませんでした。結果的に、ルパンたちキャラクターは、声で勝負することにしました。

最初のシーンでルパンはゲストがやってくることを先刻承知なので、ゲストに向かって頭上から「お宝を取り返しに来たって⁉」と声で登場します。他のキャラクターたち、たとえば五ェ門は、迷路の中にある障子にシルエットで現れ、斬鉄剣《ざんてつけん》で障子を切った後、得意の決めゼリフ「またつまらぬものを斬ってしまった……」と言います。

ゲストはキャラクターの声を聞き慣れているため、声優による声だけの出現が逆にとてもリアルで、声を聞いた瞬間にルパンの世界に入っていくことができたのです。


途中でライセンサーから出たアイデアで、「お宝回収器の画面の中に、突然ルパンを出せないかな?」というものがありました。

それができれば面白い！　と盛り上がりました。それから技術的にいろいろと工夫をして、迷路の中でゲストが持ち歩く回収器の画面に、突然ルパンが映像として出てくる仕掛けをつくりました。「お前よ〜くやってるけど、お宝をひとつとっちゃうよー」とルパンが登場してゲストが集めたお宝を取り上げてしまったり、逆に「あーらら、頑張ってるようだね、それじゃーこれ、あげよーかな！」とルパンに言われ、とんでもないものを押しつけられたりします。このライセンサーのアイデアはとても面白く、ゲストにとっても突然のサプライズでルパンに会えるという、嬉しい体験になりました。

「ゲストに面倒なことはさせない」という鉄則

また、クライアントの「肌感」が貴重でした。クライアントである東京ドームシティは長年遊園地を運営しているため、ゲストがどんなことに反応し、逆に何を嫌うか、よくわかっています。その肌感はアトラクションをつくっていく中でいろいろと参考になりました。

このクライアントをはじめ運営者がいつも言うのは、「ゲストに面倒くさいことをやらせないでくれ」ということです。

これはゲストの本質を突いていて、行動経済学でも**「消費者は本質的に面倒くさがり屋である」**と言われます。

「ジャムの法則」という実験がそれを証明しています。アメリカのあるスーパーマーケットで行った実験で、ジャムの試食販売の方法を二通りに分け、買い物客がどちらを購入するか比較しました。ひとつは24種類のジャムを試食でき、もうひとつは6種類の試食をできるようにしたところ、購買率は24種類のほうが1・8％に対し、6種類のほうは12％で、6倍以上となりました。つまり買い物客は、選択肢があまりにたくさんあると面倒くさくなって買うのをやめてしまうのです。

買い物客同様、ゲストは基本的に「受け身」です。ゲストは、「何か楽しませてもらえる」と期待して訪れるのです。そこで「あれをやれ」「これをやれ」と指示されるのは嫌なのです。これはコンサートやライブなども同様です。**価値提供の提供側は、受け身でワクワクしているゲストの心理を突くものを提供すべき**なのです。

ゲストが自ら何かをするミッション遂行型アトラクションも当然、面倒くさいのはダメです。長い文章を読ませたり考えさせたりするのではなく、ゲーム感覚で楽しませるものでないといけません。そこで「ルパン三世～迷宮の罠」で私たちが提案したのが、宝探しでした。

宝探しアトラクションは過去にいくつもつくっていて、ゲストがまったく嫌がらないことは実証済みです。宝を探すというシンプルさは、大いにゲストの動機づけとなります。そう説明すると、「ゲストに面倒くさいことをやらせないでくれ」と、極めて明確に私たちに釘を刺してきた東京ドームシティ アトラクションズの人たちも、納得してくれました。

このアトラクションでは迷路も非常に大きな要素でした。迷路は単純すぎると「なんだ、つまらない」と思われてしまうし、難しすぎるとゲストはイライラしてきます。どうやってほどよい塩梅にするかという点で、確信を得るために原寸大のものを試作し、クライアントと一緒に体験することにしました。

静岡県の御殿場《ごてんば》で借りた大きな倉庫の中に、大きな段ボールの板を何百枚も用意し、会社スタッフ総出で迷路を組み上げました。蜂の巣穴のような六角形の面を組み合わせたハニカム迷路です。

そこにクライアント側から10人ほど来てもらい、段ボールでできた迷路の中を歩いてもらいました。

アトラクションは三次元ですから、図面の上だけであれこれと構想していても、本当に面白いかはわかりません。ゲストに「これ面白いね」と言ってもらえるために、実際に体験して入念な準備をするのです。

原寸大の仮設の迷路を体験したクライアントも、「これならゲストにウケるだろう」と納得してくれました。

毎日ゲストと接している人たちは、あらゆる場においてゲストの何気ない仕草の中に「ゲストの本質」を見ているのです。私が長年接したテーマパークや遊園地の世界でも、そこには現場を運営してきた人たちが獲得した「ゲストに対する肌感」がありました。それはスーパーマーケットやレストランの関係者などでも同じことでしょう。

外部の人間としては、こうした「現場の肌感」をしっかり理解したうえで企画をすることが大事なのです。

2　「メリハリをつけよう」はよい発想の敵

無一文になると言われたウォルト・ディズニー

ゲストを感動させる「こだわり」と言えば、かのウォルト・ディズニーはディズニーランドをアメリカに初めてつくる際、ゲートをくぐった先にこだわり抜いた「メインストリートUSA」をつくろうとしました。東京ディズニーランドで言えば「ワールドバザール」にあたります。

このときウォルトが細部にものすごくこだわったせいで、建設費はどんどんふくらんでいきました。財務担当のロイ・ディズニーをはじめとして、周りは心配しました。

計画の最終段階で市場調査担当のハリソン・〝バズ〟・プライスがアメリカ4大遊園地のオーナーにこの案を見せたところ、「清潔で眺めのいい景観を維持するというこだわりは、経済的には自殺行為だ。客が気づきもしないようなものに金を使いすぎて、ウォルトは無一文になるだろう」と酷評されました（『ディズニーランド　世界最強のエンターテインメントが生まれるまで』リチャード・スノー著、井上舞訳、ハーパーコリンズ・ジャパン刊）。

それでもウォルトは、メインストリートUSAは、ゲストが物語の世界の主人公となるために、最初で最重要な場所だ、ゲストが不思議の国に入っていく「アリス」になったかのような気分になるために欠かせない場所だとして、装飾のディテールにこだわり、建設を強行しました。

ウォルトは周囲に対し、「ごまかしではないちゃんとしたものを、心を込めてつくれば、ゲストはそれを評価して対価を払ってくれる。だから金銭面の心配はするな」と言い続けたのです。

そうしていよいよ世界初のテーマパーク、ディズニーランドがオープンすると、ゲストは最初に目にするメインストリートUSAで、異世界の入り口に立った気分で舞い上がりました。この効果で、ゲストはそれから先の物語の世界に難なく溶け込むことができたのです。

このメインストリートUSAこそが、ウォルトが考えた「テーマパークの新しい価値」だったのです。

普通の遊園地では、そこまでつくり込みません。ゲートをちょっと工夫してつくることはあっても、すぐにアトラクションが並んでいるだけで、その差は歴然です。

なおメインストリートUSAの建物の外観には、映画の遠近法を採用し、実際の寸法よりもずっと大きく感じられるように工夫されています。そしてここは異世界ですから、街の中の帽子店ひとつとっても「不思議の国のアリス」に出てくる帽子屋（マッド・ハッター）の名前が屋号として窓に書かれ、店の中の商品も物語を彷彿とさせます。

一方で、建物の裏側、ゲストから見えないところは、コストをかけず機能のみとしました。それは建築の世界ではあり得ないのですが、ウォルトは「ゲストにとって最高のものをつくろう」ということに徹して、ゲストに関係ないところでコストダウンを図ったのです。

ウォルトは「自分がゲストだったら」と、徹底的にゲストの気持ちになりきるわけです。これは思っていても現実にはなかなかできないものです。

ウォルトがディズニーランドをつくったきっかけは、ふたりの娘を喜ばせたいという気持ちに加え、「親と子どもが一緒に楽しめる場所があるべきだ」と考えたからでした。そして

「大人たちが持っている『6歳の子ども心』を呼び起こす」という信念を持って、世界初のテーマパークづくりに邁進したのです。大人になっても子ども心を忘れないウォルトだからこそ、ゲストの気持ちになりきることもできたのでしょう。

合理的に考えているつもりが「妥協」になる

「神は細部に宿る」という有名な言葉があります。つくり手が細部＝ディテールにまで心を砕いたものをつくれば、それが見る者にも伝わって感動が生まれるというわけです。

ウォルトも、ディズニーランドがゲストにとっての唯一無二となるために、ゲストの目につくところは決して手抜きをしてはいけない、ディテールにこだわらなければならないと考えました。大きな部分ももちろん大事ですが、実はゲストは、細かいところで発見するひとつひとつに無意識に感動しているのです。

ビジネスシーンにおいて、「メリハリをつけよう」という言葉をよく聞きます。一見悪くない言葉で、予算のことなどを考えるといいことのようにも思えてきます。「メリハリをつけるところと、そうじゃないところを考えて仕事をしよう」などと言うと、みんな納得します。

私も以前は言っていました。でもこれは、新しい発想をする場面においては大きな間違いです。

上に立つ人は、これを最初に言ってはいけないし、本来は口が裂けても言ってはいけません。**最初から「メリハリをつけよう」と言ってしまうと、新しい発想を進めていく中で、「妥協しよう」という考えが知らないうちに頭の中を占めていく**ことになります。不思議なことに、ゲストは必ずその「妥協」の気持ちを察知するのです。

やはり、「いいものをつくろう」という気持ちから出発しなければいけないのです。とことん考え、形が見えてきてから予算がどうかを考えるというのが、本来のやり方です。

もちろん予算という現実があるため、どうしても計画を変更せざるを得ないということはあります。しかしこのときも「最初に思い描いた理想形が残るかどうか」ということが大切なのです。

こんなコスト削減方法もあります。アトラクションづくりにおいて、ワクワク・ドキドキ感をなくすことなくコストを下げるためには、いっそその部分を「真っ暗にする」のが妙手です。手抜きして変なものをつくったり安っぽくなったりして、全体の印象が悪くなるよりは、一部を真っ暗にしてしまったほうがかえっていいのです。

ウォルトのメインストリートUSAのように、つくるところはしっかりつくることが第一です。そしてもしそれができないときには、思い切ってゲストには見えない通過点にしてしまうというわけです。

エレクトリカルパレードの演出家が見せたこだわり

つくり手の「こだわり」により、悪条件が逆に強みになった好例を紹介しましょう。クライアントの松竹から、大船撮影所の敷地内で計画中のテーマパーク「鎌倉シネマワールド」向けに、ハリウッドをイメージしたアトラクションづくりを依頼されたときのことです。1994年、テーマパークの計画自体はすでに進んでいました。アトラクションが足りないということで、私のところにも話があったのです。

ただ依頼されたのは特殊な場所で、天井だけが吹き抜けで高い、狭いスペースでした。それでもクライアントは、ある程度の人数のゲストが入れるアトラクションにしてほしいと言います。

エグゼクティブ・プロデューサーだった私は、どうしようかと頭を悩ませ、「思い切って立ち見にしよう。この条件下で考えられるのは、高い空間を使った空中ショーしかない」と考えました。

それでイメージしたのが、東京ディズニーランドの「魅惑のチキルーム」です。鳥や花などのロボットが音楽に合わせて歌い踊るショー形式のアトラクションで、現在は「魅惑のチキルーム：スティッチ・プレゼンツ〝アロハ・エ・コモ・マイ！〟」として、アニメ映画『リロ＆スティッチ』のキャラクターたちも登場するショーになっています。私自身、初めて「魅惑のチキルーム」という空中ショーを見たときには、すっかり引き込まれました。

「魅惑のチキルーム」は、３６０度全方位で勝負をしていますが、この鎌倉のアトラクションでは上だけを見せるようにし、音楽に乗せてロボットのスター歌手たちが歌う形にしよう、と考えました。

ただ、具体的にどう演出に落とし込むかということになると、なかなか難しい。そこで演出デザインには、ディズニーランドの初期のエレクトリカルパレードの演出を手掛けた、アメリカ人の演出家ロン・ミジカー氏を起用することにしました。

彼は「魅惑のチキルーム」を超えるアトラクションをつくろうと意気込んでくれ、鳥を往年の歌手やハリウッドスターに見立てた空中ショーを考え、それをイメージイラストで示してくれました。

マリリン・モンロー、フランク・シナトラ、エルビス・プレスリー、チャック・ベリーなど、そうそうたるスターを鳥の姿で登場させ、当時の大人世代の誰もが知る大ヒット曲を歌わせるという案です。「ハリウッドをイメージしたアトラクション」というこちらの依頼にまさにぴったりの素晴らしいものですが、版権や肖像権が心配でした。しかし、彼は「歌手名を出さずに鳥としてつくるので問題ない」と言います。

JASRAC（一般社団法人日本音楽著作権協会）経由で、使用料を払えば音楽自体は使えますが、スターの名前や顔にはまた別の権利関係があって、アトラクションに登場させることはできません。

そこで鳥のロボットをスターに見立て、名前はつけないものの、フランク・シナトラ風に帽子をかぶらせる、マリリン・モンロー風にブロンドでセミロングの髪型、頬にはほくろをつける、などとしてスターのイメージを表現しました。メロディーが流れると同時にスターのいでたちをした歌手（鳥のロボット）が、歌いながらゴンドラに乗って降りてきます。こうして、ゲストの目は頭上に釘づけになるのです。

ここでロンさんは、スターの名前がまったく使えないのも寂しい、何とかエルビスだけは名前を使用できないかといって、エルビス財団と交渉しました。その結果、一定の許諾料を払うことでリーゼントヘアの鳥ロボットの横に「ＥＬＶＩＳ」という大きなロゴサインを使用する許可をとることができました。

このあたりの彼のこだわりは素晴らしく、結果的に見事なアトラクションとなり、「ロビンのハリウッドスタジオ」と名づけられました。私もいい出来だと満足しましたし、伝統ある映画会社のクライアントから「いいものをつくってくれましたね」と言われたときは、嬉しかったものです。

そしてアトラクションは翌年、ロサンゼルスで開催されるテーマパークの優秀作品授与式で外国部門の優秀作品賞（全米エンターテインメント協会主催）に選ばれました。そのときのトロフィーは今も、ドリームスタジオに飾ってあります。

日本人のノリを見誤った！

ただ一点失敗したのは、「ゲストにも踊ってもらおうよ」という話がロンさんから出たときのこと。「それいいね、クラブみたいに踊ってもらおう」と私も賛同したものの、結果的にはうまくいきませんでした。

誘導スタッフがリード役として一緒に踊り、「みんなも一緒に」と勧めます。みんな踊ってくれるだろうと、私は勝手に頭の中で思い込んでいましたが、ゲストは全然踊りません。日本人にはこのノリは難しいんだなと思い知りました。クラブという場まで行けば、踊るのが目的で行っているからみんなガンガン踊ります。でも普通にテーマパークに来たゲストにはハードルが高かったのです。結局、ゲストに踊ってもらうのは途中でやめ、鑑賞に専念してもらうこととしました。

ショーに対する反応が、アメリカと日本ではまったく違います。アメリカ人はノリがよく、ワーッと途中参加してでも踊り出します。ロンさんはアメリカ人をイメージして提案していて、それにうっかり乗ってしまった私のミスでした。

拍手に関しても、アメリカ人は自分が「いい」と思ったらその場で率先して拍手をします。日本人は、感激したりしても見ているだけ。そして静かに「面白いね」「きれいだね」などとつぶやく。その違いが大きいのです。

プロの小集団がつくり出した最高傑作

同じ鎌倉シネマワールドで、もうひとつうまくいったアトラクションがありました。「シネマ・ザ・ドリーム」といって、これはいわば「間隙《かんげき》を縫った」アトラクションでした。

昔アメリカのハリウッド映画には、予告編に著作権がかかっていない時期がありました。そうした予告編映像をコレクションしていた人がアメリカにいて、その現物を譲るというのです。それを使えば、莫大な使用料を払わなくてもいいということで、この予告編映像を使ったアトラクションをつくることにしたのです。

ポイントは、二次元の映画の予告編を、三次元に見せる工夫をしたことです。

「シネマ・ザ・ドリーム」の幕が開くと、ステージに夜のニューヨークの街並みが現れます。この街並みは、建物の形にカットされた複数の板に、遠近法で建物の大きさを変えて絵を描き、前後に並べて立てて立体感を出したものです。

建物の窓のひとつに、『007』のジェームズ・ボンドの映像が映し出され、銃撃の音が聞こえてきます。すると建物に、銃弾に打ち抜かれた穴が開きます。これは建物の板に暗いうちは見えない小さな穴をはじめから開けておき、銃撃とともに穴の後ろのライトが点灯すると、壁に穴が開いたように見える仕掛けになっています。

次に一転して静かになり、『ウエスト・サイド物語』の映像が別の窓に映し出されます。ニューヨークの裏町で、窓辺で恋人を想い歌う主人公マリアと、下から呼びかける恋人トニーの姿が、ライトに照らされ登場します。現代版「ロミオとジュリエット」を思い起こさせ、ふたりの愛が観客にまで伝わる名シーンです。

そこからは一転して、中央の建物の壁に数々の名作の映像が、その映画音楽とともに流れます。『駅馬車』『アラビアのロレンス』『エデンの東』など、全盛期のハリウッドらしいダイナミックな映像です。

クライマックスでは大きく場面が転換し、『風と共に去りぬ』の名場面が流れます。主人公のスカーレット・オハラとレット・バトラーの愛の葛藤、南北戦争でアトランタの街が燃え盛るシーン……。そして最後はスカーレットが生き抜く決意を固めるシーンで、劇場型アトラクションは終わります。

この「シネマ・ザ・ドリーム」という作品は、私が指揮したアトラクションの中で最高傑作だと思っています。

なぜ最高傑作ができたのか？　それは、信頼できるプロの小集団のおかげでした。

制作を手掛けてくれたのは、ほぼすべて、外部の一人親方の会社とフリーランスの人たちでした。彼らに、「今回は、どこにもない画期的な映像アトラクションをつくりたい」と演出内容について熱を持って伝えると、「ならばこうしたらどうか？」と、遠慮なくアイデアや意見が出てくるようになりました。彼らも頼まれるだけでなく、自ら「面白いものをつくり上げよう」という気持ちになってくれたのです。

このときチームメンバーと彼らとの間に一体感が生まれ、「この方法では、動きが遅すぎて迫力が出ないのでは？」などと、場面、場面で熱のこもった話し合いが行われるようになりました。

アトラクションで最大の場面転換を行うシーンでは、ステージ上のニューヨークの建物群をじゃばら状に前に折り畳み、その後ろから大きなスクリーンを登場させて、クライマックスの『風と共に去りぬ』の映像シーンを映し出すこととしました。

ニューヨークの建物群全体を前に畳むためには、鉄骨で組み上げた可動式の骨組と、それを動かす駆動装置が必要でした。これはある一人親方が、設計から制作まで手掛けてくれました。

もっとも悩んだのは、どうやってステージいっぱいに大きなスクリーンを登場させるかです。上から降りてくる方式では、ありきたりすぎて意外性がない。私は「スクリーンを、床下から上に吊りあげられないか？」と思いましたが、長年「動くメカ」を手掛けてきた人から、「松本さん、それは無理。均等に上に引き上げるのは難しく、のちのちトラブルのもととなる」とダメ出しがありました。

最終的に彼の意見で、床と天井にレールを敷き、それに沿って後方からスクリーンが登場する方式としました。これならスクリーンの上と下が均等に動くのでトラブルが起きにくいのです。スクリーンの動きも面白く、採用しました。

もっとゲストに驚きを与えられないかと考え、『風と共に去りぬ』でアトランタの街が燃え上がる映像シーンでは、スクリーンの両サイドから疑似火を焚きました。赤く薄い布を、風であおりながら赤い照明で照らすことで、炎のように見せるのです。スクリーンをその炎で取り巻くことで、大きな炎が燃え上がるシーンをつくることができました。このシーンはなかなかの迫力で、ゲストは大いに喜んでくれました。

余談ですが、パーク開業のお披露目のときには、松竹の社長が並み居る女優陣を連れて真っ先にこのアトラクションの催し場に行き、「自分はこのアトラクションがいちばん気に入っている」と言ってくれたのを覚えています。

この仕事を通じて感じたのは、**前例のないことで、いいものをつくるために「できるものはできる」「ダメなものはダメ」と言い切れるプロの存在の大切さ**です。組織としてではなく、自分でリスクをとって意見を明確に言い、ときに「こうしたらどうか？」と提案をしてくれる小集団・個人は本当に貴重だと実感しました。

よりよいものをつくり上げようとするとき、自分たちだけで何とかしようとして中途半端な「器用貧乏」になるのではなく、ときには信頼できる外部のクリエイターを起用し、頼ることも大事なのです。

「抜け感」が素敵なアメリカのクリエイターたち

「ロビンのハリウッドスタジオ」でお世話になったロン・ミジカー氏は、物静かなナイスミドルでした。

演出に関しては、彼のデザインに基づき日米合作でつくり、現場施工にはアメリカ側からも何人かの専門家が来日して参加しました。このアトラクションの総合演出家であるロンさんも現場に立ち会いましたが、基本はそれぞれの専門家に任せ、何かあれば相談に乗り指示していました。

彼は騒がしい現場の一角でディレクターチェアに座り、ひとり静かにパソコンで何事かに取り組んでいました。私はてっきり、この仕事について考え込んでいるのかな、あるいは忙しいだろうから、何か別の案件に取り組んでいるのかも、と思っていました。しかしあるとき、私がロンさんに相談しようと近づくと、なんと彼はパソコンでソリティアというトランプゲームをしていたのです。私の驚いた様子も意に介さず、彼は「マツモト、このゲームは面白いよ」とこともなげに言います。

専門家たちをプロとして信頼しているからこその行動でしょうが、日本の舞台演出などでのピリピリとした緊張感とはまったく違う「抜け感」をまとう彼の態度には、本当に驚きました。彼の「抜け感」の理由を分析すると、

①設計・製作という段取り部分をしっかりと準備していて、現場にあやふやな部分を持ち込まないから。

②経験豊富で、企画、デザイン、ものづくりまですべて一気通貫で把握しており、イラスト画の段階で完成形をほぼ完璧に頭の中に描いていて、そのとおりにつくり上げられるから。

③総合演出家（ロンさん自身）がどっしりと構えていることが、現場に安心感を生むとわかっているから。

という3点が挙げられます。

アトラクションづくりの成功は「段取りが8割」などと言われます。現場施工に入るまでの段階で、製作物を含め、あらかたの準備はできているものです。

自らを振り返り、初期のアトラクションづくりで失敗したケースを省みると、本来オフィスで設計・製作を監督管理して問題を解決しておくべきところを「現場で何とかしよう」という安易な考えで進め、現場に持ち越した結果、現場で問題が発生したことがよくありました。

ロンさんは、アメリカで設計・製作を入念に行った後に現場に来ているので、あらかじめ定められた手順に則った日米双方の専門家による施工には、口を出す必要がなかったのです。

また最初にロンさんにこのアトラクションを依頼したとき、しばらくして彼が出してきたのは、全体の流れをビジュアルで説明する複数のイラスト画でした。そして現場でアトラクションが完成し、この最初のイラスト画と現場とを見比べてみると、ほぼ同じでした。

つまり彼は**最初の段階で、完成形をほぼ完璧に頭の中に描いていた**のです。頭の中に完成形を描けたからこそ、その後の設計・製作も、彼の描いたとおりに進められたわけです。彼の経験豊富さと仕事のスマートさに頭が下がるとともに、現場で見せた「飾らない抜け感」

は、この自信から来ていると思いました。

そして、施工チームを信頼しきってのんびり遊んでいる演出家の存在は、かえって現場に安心感を生み出すということも彼はわかっていました。これらが「抜け感」の正体だったというわけです。

日本は、メーカーのものづくりに関しては緻密で計画的に進めることができていますが、エンターテインメント業界などのソフト産業に関しては、アメリカと比べてまだまだ未熟だと痛感します。

受験勉強や締め切り仕事の追い込みなどに慣れた日本人の、「最後に帳尻を合わせる」スタイルや、途中のプロセスも見えづらい、属人的な仕事の進め方では、ロンさんのような「抜け感」は出てこないなと思います。

ここまでお伝えしてきた、感動を届けるためのつくり手の「こだわり」のポイントをまとめると、以下の4点となります。

①「神は細部に宿る」の金言のごとく、ディテールまで描ききることが大切。結果としてで

き上がったとき、ゲストはそうした制作者の心意気・こだわりを感じて感動する。

② 発想の段階で妥協につながる「メリハリをもって」は禁句、何より「いいものをつくろう」という執念から出発すべし。

③ 本音をぶつけ合ってつくり上げることが成功への道。そのためには、立場の違う相手に対して丁寧な説明をすることが大切。

④ 自分たちだけで何とかしようとすると、器用貧乏に陥る結果に。ときには信頼できる外部のクリエイターを起用する。

3　こだわりの「相場観」を見誤るとき

つくり手は「絶対ウケる」と思ったのに……

「価値提供ビジネス」において、ゲストの心を動かす＝感動してもらうために本当に大事なことは、つくり手側に「真に価値あるものをつくろうという『こだわり』（あるいは『熱量』）が、どこまであるか」ということだと書きました。

とはいえ、つくり手が「絶対にこれがいいはずだ」と思うこだわりに対し、受け手がそう思わないというケースは往々にしてあります。そうした「相場観」のとり方はすごく難しいものです。

つくり手は本当によいものを追求したつもりでも、受け手はそう思ってくれないというときには、どこかに自分本位の目線が残っています。自分は受け手の気持ちをわかっているつもりでも、どこかですれ違いが起きているのです。

よくある例が、つくり手がものすごくマニアックな視点やこだわりを主張し、「絶対にこれがみんなにウケる」と思ってつくり上げたところ、一般的なお客さんにはウケなかったという例です。こだわりのあるつくり手と、一般的なお客さんとの距離のとり方というのは非常に難しいものであり、つくり手にとって永遠の課題とも言えます。

これはお笑い芸人が自信満々につくった漫才のネタが、劇場で披露すると思っていたほどウケず、芸人が意気消沈するのと似ています。芸人はそこで、そのネタをボツにしたり、あるいは微修正と劇場での披露をくり返しながらブラッシュアップをしたりします。

作家なら担当編集者とディスカッションをしたり、連載中のマンガ家なら読者からの感想を参考にしたりします。自分の意見と他者の意見が異なるとき、それをどう取り入れるかの塩梅は、また難しいものなのですが……。

つくり手は「本当にこれでいいのか？」と自問自答をくり返し、悩みながら、何とかゲストの本音に近づいていくしかありません。このくり返しの積み重ねで、**自分の「相場観」を磨いていく**のです。

とはいえ私自身も、相場観を見誤ったゆえの失敗を何度も経験してきました。

ハリー・ポッター人気にあやかろうとして大失敗

自分なりのこだわりが、自分本位のものだったと痛感した失敗例を紹介しましょう。「魔法学校」という体験型展示イベントをつくったときのことです。

当時は、映画『ハリー・ポッター』シリーズの第１作が公開（２００１年11月）され、日本中で人気が沸騰していました。そこで「シリーズがまだまだ続くなら、日本国内でも『魔法ファンタジー』の人気が高まるだろうから、魔法をテーマにしたファミリーイベントをつくろう」と考えたのです。ハリー・ポッターの映画や小説を題材にすることは著作権の関係上できないので、「魔法学校」という一般用語をタイトルにしたイベントをつくることにしました。

イベントの企画は日本側で行い、デザインと展示品の制作はアメリカ側に依頼し、国内の巡回も視野に入れて大掛かりにつくりました。

ゲストが魔法学校に入ると、正面に魔法学校の校長が映像で現れ、次に場内が暗転すると上級生がほうきに乗って上空に現れ、右から左へと飛んでいきます。校内を進むと、魔法の杖を振って目の前のものをかき消すなどの魔法体験や、魔法使い風のケープを着るなどのなりきり体験ができます。他に「学校のバザール」として、魔法グッズの販売や展示をしました。

自分なりのこだわりを詰め込んだイベントをつくり上げ、「世の中の魔法ブームに乗って、たくさんの人が来ること間違いなしだ」と自信満々でした。2003年春に大阪でオープンし、その年の夏には横浜でも開催しました。しかしふたを開けてみれば2ヵ所とも、集客は目標のはるか下と、大失敗に終わってしまったのです。

この失敗の原因には、私の「勝手な思い込み」がありました。ハリー・ポッター人気にあやかる目論見から出発した企画でしたが、それは極めて安直な発想でした。ゲストが求めるものは明確に「ハリー・ポッターの魔法」であって、この魔法学校は「まがい物」だとみなされてしまったのです。

会社としても巡回展を意識して、このイベントには耐久性のある相当立派な制作物をつくっていました。実際に訪れたゲストはとても喜んでくれていたものの、多くの人が「足を運んでみよう」と思うような内容ではなかったというわけです。本物を求めるゲストの心理を、完全に見誤った結果の大失敗でした。

また冒頭の校長や上級生が現れるシーンも、よくできてはいてもハリー・ポッターの映画には遠く及ばず、ゲストから驚きの声が上がるほどの内容にもなっていませんでした。子どもをターゲットとしたイベントで、どこかに「子ども向け」という意識があり、甘さを生んだのです。

子どもは大人並みの鋭い感性を持っており、大人も感心するレベルのものをつくらないと子どもも驚かないということを、痛感させられました。

大人が喜ぶと想定した迷路に殺到した子どもたち

子どもの鋭い感覚について、後年再び実感したことがありました。7つの種類の迷路で構成する「迷路イベント」を、千葉県の幕張メッセで夏休みに開催したときのことです。「鏡の迷路」「忍者迷路」「チーバくん迷路」「恐竜迷路」「レーザー迷路」「不思議の国のアリス迷路」「フワフワ迷路」の7種類で、来場者は圧倒的に子ども連れのファミリーでした。

当初こちらの予想では、未就学児や小学校低学年生は「チーバくん迷路」や「アリス迷路」に行くだろうと予想していました。しかしオープンしてみると、小さい子どもたちが真っ先に「レーザー迷路」に行き、大混雑となったのです。

実はレーザー迷路はアメリカから導入した最新型で、暗い部屋の中に張りめぐらされたいくつものレーザービームをかいくぐりゴールに向かうものでした。難易度は高く、利用者は大人から小学校高学年をイメージしていました。しかしこれはまったくの見込み違いだったのです。

理由を知るべく、レーザー迷路を利用した小さな子どもに尋ねてみると、みな一様に「面白かった」「暗い中にレーザービームが飛んでいるのがかっこいい」と言うのです。

次ページの例のとおり「小さい子どもは暗いところを怖がる」というのが、われわれの業界での常識でしたが、子どもたちはそれよりもレーザービームに惹きつけられていたのです。日頃からゲームに親しんでいる子どもたちは、リアルなレーザービームに興味津々で、その不思議さに反応したのかもしれません。

このときはこちらの読みの浅さを痛感し、子どもたちは大人と同じレベルのものでないと満足しないというのが現実だと再認識しました。

こだわっているうちに基本を見失った失敗

こだわりを追求しているうちに、うっかり基本を見失ってしまったという、情けない失敗例もあります。

愛知県の遊園地に、「アラジンと魔法のランプ」を題材にした宝探しアトラクションをつくったときのことです。

アトラクションの内部は、宝の袋を探すという楽しみだけではなく、アラジンというテーマに合わせたいろいろな演出で楽しませようと考えました。

この「宝の袋探し」アトラクションは、それまでに導入したテーマパークでも人気があったので自信を持っていましたが、開業してみるとファミリーの利用者が少ないといいます。調べてみると、雰囲気づくりのために行った入り口の洞窟ふうの演出が、外から見ると暗いため子どもたちが怖がって入らないということがわかりました。

「子どもは本質的に、暗いところを怖がる」というのは基本中の基本なのに、これを忘れて演出にこだわってしまったゆえに起きた失敗でした。つくり手の論理が先行してしまい、「木を見て森を見ず」状態でいちばん肝心な「ゲストの顔」が見えていなかったのです。

後日改めて、入り口部分をイルミネーションでキラキラ輝くような演出に変更し、この問題を解決しました。

成功体験で自信過剰になって、大損失

自分のアイデアにこだわりすぎて、相手に受け入れてもらえなかったうえに、ズルズルと引き際を見誤ったこともありました。

「ルパン三世～迷宮の罠」のアトラクションは、ゲストが持つ端末（お宝回収器）に無線通信技術を使った仕掛けをつくったことで、人気を博しました。そこで私は「これからは、情報システムを核にした個人単位のアトラクションが可能となる」と自信を深め、さらに進化したアトラクションの開発を目指しました。

そして考えたのが、映画『ゴーストバスターズ』に出てくる、「ゴーストを電気掃除機のような機械で吸い込む」というイメージのアトラクションでした。

設定は「ある館に住みついた、いたずら好きで可愛いゴーストたちを、ゲストが『ゴースト吸い取り器』を持って捕獲する」というものです。ゴーストは置物の中や物陰から、ときには壁の絵画の裏から、映像で現れます。タイミングよく「ゴースト吸い取り器」をかざす

と、ゴーストが消えると同時に吸い取り器から「ひゅう〜、ポン！」と音がして、ゲストはゴーストを吸い込んだ感覚が楽しめるという趣向です。

「成功間違いなし！」と確信し、あるパークを運営するクライアントに提案しました。アイデアについては面白がってくれましたが、「果たしてどこまでゲストが『ゴーストを捕まえる感覚』を持ってくれるか？」ということに議論が集中しました。これまでに実例もないため、クライアントも半信半疑で決め手を欠いたのです。

クライアントからは追加検討事項も示され、全体の投資試算額がふくらんでいきましたが、明確なゴーサインはなかなか出ません。

そのうち社内からも、「いったん退いたほうがいいのでは？」という慎重意見が出ました。それでも私は「このアトラクションは将来に向けての挑戦でもあるので、何としても実現したい」という気持ちが強く、独走気味にその意見を退けてしまったのです。

クライアントのＯＫをとるためにと、詳細なデモ機と資料をつくり続けました。が、半年が経過した頃、最終的にクライアント側から「社内検討したが、あまりに挑戦的な内容で不安があり投資額も大きくなったので、今回は見送りたい」という回答がありました。

このときの失望は、費用と時間のロスとともに、非常に大きなものでした。

失敗理由としては、「こだわり」だと思っていたものが、いつの間にか「自信過剰」に変わっていたということが挙げられます。「ルパン三世」アトラクションでの成功事例があるんだから、いずれきっとクライアントも理解してくれるはずだと、勝手に思い込んでいたのです。

また私は「隠れているゴーストを吸収するという面白さ」に惚れ込んでいましたが、結果的にはそれはつくり手側の独りよがりで、クライアントには伝わらず実感してもらえなかったのです。まさに「受け手がどう感じるか」、その相場観を見失ってしまっていたのです。

こだわりの相場観を見失い失敗してしまうケースは、まとめると次の2点になります。

① 勝手な思い込みや打算的な思惑が先行してしまうケース。ゲストにはすぐに見破られると肝に銘じるべし。

② こだわりを追求しすぎて、つくり手の論理ばかりが先行してしまうケース。途中で冷静に立ち止まり、相場観を見誤っていないかよく検討するべし。

第2章

価値消費の時代のキーワードは「感動」

――ゲストひとりひとりが喜ぶ方法はある

1　集団ではなく、「個」から「ゲストの心理」に迫る

社員全員が辞職!?　人の本音を知る難しさを痛感

「ゲストひとりひとりに喜んでもらうには、どうしたらよいか？」

これはエンターテインメント業界にいる人間として、またお客様相手のビジネスをしている人たちにとっても、永遠の課題です。つまり、たくさんのゲストすべてと同時に向き合うことは物理的に不可能だからです。

ゲストひとりひとりに喜んでもらうために、まず必要なことは、**ゲストそれぞれの隠れた「本音を知る」**ということです。

しかしゲスト自身の本音は、人がみな無意識にかぶっている「仮面」の下に隠れていて、自分でも気づいていないケースが多いものです。つまり自ら語ってくれることはめったにないし、ゲストの表面だけを見ていては、その本音を知ること、つまり仮面の下の「顔」を見ることはできません。

今マーケティング業界でも、そうした消費者ひとりひとりの本音（深層心理・インサイ

ト）にどうやってリーチし解き明かすかということが、盛んに検討されています。

私はかつて恥ずかしい失敗を経験し、「人の本音を知ることはどれだけ難しいか」を身に沁みて思い知りました。

日米合弁会社として創業した会社が、東洋エンジニアリングの子会社という形を経て、２００１年に私個人の会社（ドリームスタジオ）となり、いざ再出発をしようとしたときのことです。スタッフも12人全員を引き継ごうとしたところ、その全員が「辞めさせてください」と言い出したのです。

私が非常に信頼していて、「この人だけは絶対に来てほしい」と思っていたオールラウンダータイプの総務課長の女性も、辞めると言います。裏表のない性格で信頼のおける、当時40歳前後だった彼女からは、「私はあと15年は働きたいんです。だから辞めます」と言われました。つまり彼女は、「新会社に未来はない」と判断したわけです。

自分には誰ひとりとしてついてきてくれないのか。大きな衝撃を受け、「自分にはスタッフの気持ちが、何も見えていなかったのか」と痛感しました。

一方で、「確かに、辞める判断をするのも当然だよな」と心のどこかで冷静に思う自分もいました。それまで東洋エンジニアリングの子会社ということで「社会的信用」もありましたが、個人経営の会社ともなればそれはなくなります。スタッフの身になれば、不安で「ついていけない」と思うのももっともです。

経営も赤字スレスレで、その点も大いに不安だったことでしょう。今までは東洋エンジニアリングの子会社だからこそ、銀行も安心して融資をしてくれていました。子会社ではなくなった途端、私が資金繰りに奔走することになります。

それでも私に人間としての魅力があれば、スタッフはついてきてくれたでしょう。全員辞めたいと言うのは、この間実務上の責任者であった自分は、彼らから見て「経営者失格」と判断されたのです。

このとき初めて「自分はこれまで、スタッフの考えていることを何も理解していなかったのだ」と目が覚めました。ギリギリのところで、ようやくスタッフたちの本音を知ることができたのです。

とはいえ新会社は、スタッフなしではやっていけません。そこでどうしても来てほしい人たちにひたすら頭を下げ、頼み込みました。

「自分が間違っていた。これまでの自分は、無自覚とはいえ上から目線で、みんなの気持ちを理解しようとしていなかった。これからこの会社は、私だけでなくみんなのものだ。会社の実情も目標もすべてをみんなと共有し、一緒に考えながら仕事に取り組んでいきたい。なんとしても自分を改めるから、一緒にやってくれないか」

最終的に３人がついてきてくれることになりました。総務課長の女性と、経理の女性、技術職の男性と私、たった４人で「ドリームスタジオ」は再出発することになったのです。

失敗の原因は前職の企業風土を引きずっていたため

再出発する際に思い知らされた私の誤りは、東洋エンジニアリングという大きな組織での仕事の進め方や考え方を、小さな会社に移ってからも無意識に引きずっていた点です。

東洋エンジニアリングの社員は、私が在籍していた当時で１８００人ほど。プラント建設のプロ集団として、お互い言葉にしなくてもわかる共通の文脈の中で自発的に行動し、同じ目標に向かってまっしぐらに仕事をしていました。私のように海外勤務の社員が多く、自由な雰囲気で誰もが何でも意見を言える、とてもいい会社でした。お互いに持ちつ持たれつの精神で助け合う日本的な「共同体」の企業風土があり、気軽に飲みに誘いあえる雰囲気もありました。

しかし、テーマパーク開発を目指して設立された新会社には、東洋エンジニアリングのような共通の文脈も、共同体意識などの企業風土も、当然ありません。スタッフ全員が、「テーマパーク」という言葉に惹かれて新たに入社した人たちで、建築、機械、グラフィックデザインなどの異なる専門性を持っていました。

創業当時はテーマパーク黎明期でもあり、経験者はもちろん皆無です。言ってみれば各自がてんでばらばらに、手探りで仕事を進めなければいけない状態でした。夢を持って入社してきたけれど、経験を積んだ先輩もおらず、アメリカ側から入手した絵や理論、そして収集したアメリカのパークの資料を頼りに、各人が見よう見まねで仕事をし続けるしかなかったのです。

なんとか少しずつ実績を積み上げてはいましたが、共同体意識どころか、仲間意識も簡単に生まれるはずはない状況だったのです。

こうした中、東洋エンジニアリングの子会社でもない、独立した私個人の会社になるとなったら、期待よりも不安のほうがふくらんでしまったというのが本音でしょう。

ところが上に立つ自分は、能天気でした。スタッフはテーマパークづくりにかかわることができて、みんな意欲を持って取り組んでくれているだろう、同じ目標に向かって迷いなく進んでいるだろうと思い込んでいたのです。スタッフひとりひとりが抱えている、仕事に対する不満や将来に対する不安など、見えるはずがありませんでした。

さらに、私は「経営者」の立場でみんなを引っ張っていかなければと気負っていた一方、スタッフには「自分は雇われている人」という意識がありました。大企業の社長じゃあるまいしと、私自身はその差をそれほど意識していませんでしたが、実はそこには「雇う側」「雇われる側」の見えない大きな溝ができていたのです。

私個人の会社として再出発しようとして、全員が辞めると告げてきてようやく、これらのことに気づいたというわけです。

スタッフの向こうにゲストの顔が見えてきた

4人で再出発をするにあたり、スタッフの不満や不安、意識の溝があったままでは、前には進めません。前に進むには自分が変わるしかありません。「これからはすべてスタッフありきで進んでいこう」と誓いました。

それからは頭を下げ続けて、「これまでは間違っていた。今度の会社はみんなの会社だ。情報はすべてガラス張りで共有する。掃除も全員でやろう、ゴミ出しも全員でやろう、もちろん私もする。とにかくみんなで平等にやっていこう」と呼びかけました。頭を下げると、「変わらなければ」という決意がふくれ上がってきました。

そして「上下関係なんてないのだから、思ったことは何でも言ってくれ」「社長に対しての文句や要望も、どんどん言ってくれ」と頼みました。

最初は何も言わなかったスタッフも、私が掃除やゴミ出しを分担し、どんなに忙しくてもアメリカからのデータ類をひもといてスタッフに説明することなどを続けていると、「社長は本気だ！」と思ってくれるようになりました。

そこから少しずつスタッフのほうからも、「ここはどう考えたらいいでしょうか？」などと質問してくるようになり、それとともにスタッフの心の内が見えてきました。

自分の心の中にも大きな変化が出てきました。それまでは「何とかしてクライアントの関心を引き、ウケを狙いたい」ということを一生懸命に考えていました。でもその頃から、まずアトラクションを利用するゲストの顔を思い浮かべながら考えるようになったのです。こうして浮かんだアイデアをスタッフと共有すると、次の新しいアイデアがまた生まれてくる、という好循環が生まれました。

「ゲストをひとくくりにステレオタイプで見てはいけない。そうではなく、財布を握りしめてテーマパークを訪れるひとりひとりのゲストの顔を思い浮かべよう」と心がけるようになっていきました。

ゲストの顔を思い浮かべるということはすなわち、**「ゲストはどんな思いでテーマパークに来ているか」**を考え、**「だとしたら、ゲストのために何をしたらよいか」**と考えるということです。

こうして「ゲストの心理」に近づいていくことで、考える企画も生き生きとしたものになっていったのです。

言葉にすれば当たり前のことのようですが、ようやく私が「腹落ち」して理解できるようになったのは、この恥ずかしい失敗をきっかけに、スタッフと真剣に向き合えたからでした。それからの私は次のことを心がけるようになります。

①「自分本位のフィルター」で相手を見ていないか？　フィルターを捨てる度量を持つ。

②相手は何を望んでいるのか。相手の横で一緒に考えることができているか。

③相手と日頃から同じ目線で話せる関係性を築き、共感性をもって、相手の考えを知る努力をする。

すると「ゲストの本音」もわかるようになっていきました。前は、「わかった気になっていた」のでしょう。もっと早く気がつくことができればよかったものの、知らないまま終わるよりはよかった。これが、私の人生でいちばんの収穫です。

ゲストの期待をいい意味で「裏切り、本音に近づく」

ではゲストは、どんな思いでテーマパークに来ているのでしょうか。

ゲストはテーマパークに足を運ぶことで、**毎日の生活からひととき解放され、違う世界にひたりたい**と考えています。事前の情報収集もして、期待に胸をふくらませてテーマパークを訪れます。

しかしそのさらに奥にある**本音の部分では、自分の描いたぼんやりとした期待がいい意味で裏切られ、もっと大きな驚きや発見があることを無意識に願っている**のです。

そのためつくり手側は、**本人が自覚していないこの「無意識」を刺激する**ことこそが、ゲストに対する最大のアピールとなります。

ものの たとえは違いますが、夜空を見上げて思いがけなく流れ星を見たとき、どの人もあっと驚き、深く感動することでしょう。流れ星のような、ゲストが想定していない大きな驚きや発見を与えることで、人に感動してもらうわけです。

つまり、**ゲストの期待を超える「2段上のもの」を提供する**のです。これはテーマパークのアトラクションづくりにとどまらず、新しく商品を開発するときにも、「相手が描いている期待イメージを何とかして超えてみよう」という視点で考え続けることが大切です。どうやって「いい意味で裏切り続ける」かが勝負なのです。

そのとき、相手の驚く顔が目に浮かんでくるならば、それは間違いなく成功するでしょう。

ひとりひとりが喜ぶ「共有」と「選択」の組み合わせ

「ゲストひとりひとりに喜んでもらおうと頑張ったところで、全員が同じように喜ぶはずはないじゃないか」と思う人もいるでしょう。

それはもちろん当然です。たとえば、東京ディズニーランドのジェットコースター型アトラクション「ビッグサンダー・マウンテン」は長年にわたって大変な人気ですが、それでも「あんな怖いものは絶対に乗らない」という人もいるでしょうし、「アトラクションに乗るのに1時間も並ぶのは絶対に嫌だ」という人もいるでしょう。

それでは、ゲストひとりひとりに喜んでもらうために必要なこととは、何でしょうか？私の答えはふたつです。

①ゲストに「共有」と「選択の自由」を提供する。
②ゲストが困ったときに、ゲストとしっかり向き合う。

ひとつめは「ゲストと共有し、選択してもらう」ことです。最初に大きな世界観を提供し、すべてのゲストに体験を共有してもらいます。次に、ゲストひとりひとりが自由に選択して、それぞれが異なる体験をするのです。

東京ディズニーランドを思い浮かべてみましょう。ゲートをくぐるとまず花壇にアイコンとしてのミッキーが現れ、その先のワールドバザールに入ると、非日常の魅力的な世界が現れます。これがゲストとの「共有」です。

そこから先、パークの中でどうすごすかは、ゲストひとりひとりの「選択」に任されるというわけです。アトラクションにどんどん乗って絶叫するもよし、パレードをじっくりと鑑賞するもよし、食べ歩きを楽しむもよし。各自が思い思いに楽しむことができます。

このように、「価値ある世界観の共有＋個人の嗜好による選択の自由」という組み合わせにより、ゲストはひとりひとり、自分のスタイルで満足できることになるのです。世界観の共有と選択の自由、どちらが欠けてもいけません。このふたつを併せることで、ゲストひとりひとりと向き合うことができるのです。

ふたつめに必要なことは、ゲストが困ったときに、しっかり向き合うということです。そのためには、ゲストが何を不安に思い、どんなときに困るか、普段から把握し理解することが大切です。

こうした目配りがゲストに対してきちんと行われたとしたら、たとえ困っているゲストが１００人のうちのひとりしかいなくても、大きな意味があります。そのひとりとしっかり向き合うことで、結果としてそのことが他の99人のゲストにも伝わり、「ここではひとりひとりときちんと向き合ってくれるんだ」と感じるのです。

東京ディズニーリゾートの救護室での体験

困っているゲストに向き合う。これは、東京ディズニーリゾートの救護室が非常にいい例です。

ある日私が、クライアントのトップと東京ディズニーランドに行ったときのこと。暗闇の中を疾走するジェットコースター「スペース・マウンテン」に乗った彼が、乗り物酔い状態となりました。このためすぐに救護室に行きました。

救護室のベッドで2時間近く休んで、すっかりよくなった彼から出てきた最初の言葉は「松本くん、僕は本当に感動したよ」というもので、救護室の中で体験した話を聞かせてもらいました。

彼がベッドで寝ているとき、子どもの体調が悪くなり救護室にやってきた家族連れに対して、救護室のナースキャストが対応している様子が聞こえてきたそうです。キャストは手際よく、それでいて落ち着いたようすと誠実さがその声から伝わってきました。

近くの病院の診察を予約し、送迎車や車乗り場までの案内担当者の手配などをてきぱきと行い、さらには「今日は残念でしたね。でも、ぜひまた来てくださいね」と言って、同行していた家族の人数分の1デーパスポートを渡していたといいます。

救護室の室内設備も、ホテルのロビー並みに上質です。ただそれ以上に、キャストの心を込めた対応にこの家族が感動しただろうことは、察して余りあります。

一日に何万人ものゲストがパークに来る中で、体調を崩したひとりのためにこれだけのものを準備しているというのは、経済合理性では説明できません。

困っているゲストひとりひとりにしっかりと向き合うという、ディズニーのこの採算度外視の姿勢こそが、ゲストひとりひとりに喜びをもたらし、リピーターを生む源泉となっているのです。

2 記憶に刻まれる「リアルな肌感」

過去最高益の日米テーマパークと新テーマパークの内容

私は「感動を味わうなら、リアルに勝るものはない」と考えています。たとえば画面越しに得る感動は、リアルに得る感動を上回れないのです。

2020年からの未曽有のコロナ禍において、世界中で緊急事態宣言や外出の自粛要請などが出されたことで、テーマパークへの来園者数は激減し、業界全体が大打撃を受けました。

しかし逆にコロナ禍をきっかけに、会社や学校、休日の外出などで対面で人と会う「リアル」の価値というものを実感した人は多いのではないでしょうか。実際、テーマパークにはコロナ明けから「リアルな肌感」を求めて来園する人が殺到し、日米のテーマパークは2023年に過去最高益を記録しました。

東京ディズニーランド・東京ディズニーシーを運営するオリエンタルランドの24年3月期決算は、営業利益が1654億円と過去最高です。

アメリカのウォルト・ディズニー社の23年度決算（23年9月期）も、営業利益が87億4400万ドル（当時の1ドル＝148円換算で約1兆2941億円）と過去最高です。こちらにいたっては、「ディズニープラス」という動画配信事業の赤字を、テーマパークの稼ぎで補っているという状況です。

世界中の人々が、わざわざ足を運ばなければ味わえない「リアルでアナログ」なテーマパークのよさを再確認したことで、テーマパーク業界は勢いよく復活したのです。

実際、世界ではアメリカを中心にテーマパークの新設や拡張が相次いでいます。23年には香港ディズニーランドに「アナと雪の女王（アナ雪）」などのエリアが、上海ディズニーリゾートに「ズートピア」エリアが誕生しました。25年にはユニバーサル・スタジオ・シンガポールに「ミニオンランド」エリアが、さらにはアメリカのフロリダに、「ユニバーサル・エピック・ユニバース」というまったく新しいテーマパークが完成予定です。26年には、デイズニーランド・パリにアナ雪などの新エリアが誕生予定です。

日本でも24年6月、東京ディズニーシーにアナ雪などのアトラクションがある「ファンタジースプリングス」という新エリアがオープンしました。またユニバーサル・スタジオ・ジャパンでは、21年3月にオープンしたスーパー・ニンテンドー・ワールドが拡張され、24年12月に「ドンキーコング・カントリー」がオープンしました。さらに25年には、沖縄県北部の「やんばる」の大自然を舞台にしたテーマパーク「ジャングリア」の開業が予定されています。

なおサウジアラビアでは、時期未定ですが「ドラゴンボール」のテーマパークが構想されています。サウジアラビアは近年、観光業や文化の発信に力を入れようとしています。ドラゴンボールは登場人物に女性がほとんど出てきませんから、イスラム教国においてテーマパークとしてつくりやすいコンテンツだと言えるかもしれません。

豪華客船の醍醐味は桟橋での見送りだった

リアルに得た感動の例として、最近私が体験した、クイーン・エリザベス号（QE号）の船旅での一幕をご紹介します。

QE号で日本近海と韓国をめぐる船旅は快適でした。船客は欧米系が日本人よりも少し多く、スタッフもほぼ外国人で、船内のオーソドックスな英国風の内装とも相まって外国に滞在している雰囲気を味わうことができました。

船内で開催されるショーやダンスパーティ、カジノなどの各種サービスプログラムも充実していて、これはまさにパンフレットで謳われているとおりだなと大いに感心しました。しかし私がもっとも感動したのは、予想外な出来事に対してでした。

QE号は洋上航海の間、日本各地の港に立ち寄ります。朝到着して夕方には出港するので、乗客は日中に町を自由行動で散策したり、船が用意したパッケージツアーに参加したりします。

そうして夕方の出港のときには、港町の人たちが大勢で見送りをしてくれるのです。ビル8階に相当する高さがある船のデッキから下の桟橋を見ると、多くの人が笑顔で「さようなら、また来てね」と手を振り、音楽を鳴らしたり太鼓をたたいたりして見送ってくれます。QE号のデッキでも乗客たちが並んで手を振り、「ありがとう」「楽しかった」「また来るよ！」などと叫びます。そんな中で、大きな船体がゆっくりと岸壁から離れていきます。

この見送りのシーンで、「ああ、自分は船旅をしているのだ」と実感し、見送ってくれる人たちの温かな気持ちが嬉しくぐっと来ました。常連の日本人客も多く、彼らから「これが船旅の醍醐味なんですよ」と教えられ納得しました。各地の港を出港するたびに、毎回感動したものです。

このような、パンフレットや宣伝には載っていない、船旅でしか味わえない意外な感動体験が、常連を生んでいるのです。

感動というものはやはり、人と人とのリアルな触れ合いから生まれるのだなと実感したものです。

子ども心に焼きついた横浜港での涙の光景

ＱＥ号の見送りシーンに特に感動したのには、子どもの頃の体験も影響しているかもしれません。

私が生まれ育ったのは、横浜港まで歩いて行けるくらいの場所でした。子どもの頃は母親に連れられ、港の大桟橋までよく行きました。特に地元の新聞に「外国の豪華船（当時はそう言っていた）が港に入った」という記事が出ると、母は子どもたちを港に連れていきました。私は大きな船を見て、夢を見ているような思いでした。

小学校低学年だったある日、大桟橋からブラジルに移民船が出ていくのを見に行きました。桟橋には見送りの人が鈴なりです。

船の甲板デッキに出ている人たちから、下の桟橋にいる見送りの人たちに向けてたくさんの紙テープが投げられ、見送りの人がそれを手にしています。おびただしい数の色とりどりの紙テープが、出ていく人と見送りの人をつないでいきます。

そして汽笛が鳴って船が岸壁をゆっくりと離れていくと、「行ってくるぞ」「頑張って」という声とともに、すすり泣きの声が大きくなりました。お互い、「もう一生会えないかもしれない」という覚悟が胸に迫ってきたのでしょう。船が進み紙テープも切れていくときには、大桟橋は涙、涙で、大きな悲しみの気持ちが港に満ちていきました。

色とりどりの紙テープの美しさと、人々の悲しみの涙。このときの風景は、幼心に深く刻まれ、一生忘れられないものになっています。

「欲求5段階説」からリピーターの心理を読み解く

アメリカの心理学者アブラハム・マズローが提唱した、「欲求5段階説」というよく知られた学説があります。

人間は低次の欲求が満たされると、さらに高次の欲求が高まるというもので、下から順に、生理的欲求（衣食）、安全欲求（住まい・保護・予防）、社会的欲求（集団の一員・安心感）、承認欲求（認められたい・尊敬されたい）、自己実現欲求（理想の自分、感動を求める）とレベルアップしていくというものです。

人々の消費も、こうした人間の欲求の高次化に対応していると言えます。自己実現欲求に沿った形の消費をして、「よりよい自分」を目指したり感動を求めたりする人々は、これからも増えていくことでしょう。

ところが、人が感動するかどうかは、実は予測不能です。予測不能なものに出合うことは、とても難しいものです。感動とはたとえて言うならば、いつ出現するかの予測ができないオーロラを見るようなものかもしれません。

そのため感動を提供する「価値提供ビジネス」は、価格や時間に視点を置いた競争をする「コスパ（コストパフォーマンス）」「タイパ（タイムパフォーマンス）」優先のビジネスとは、一線を画するものです。

前述のように、**「感動」とは、「驚きなど、受け手の想像を超える『引き金』を体験するここ**

とで、心が強く動かされ、脳に記憶されていくこと」だと考えています。

「引き金」の代表的なものとしては「驚き」です。脳科学者の茂木健一郎氏も、著書『感動する脳』（PHP研究所）で、感動の素は「意外性（＝驚き）」と「なつかしさ」にあると書いています。

たとえば野球の観戦をしているとき、大きな点差をつけられ負け試合のところが、思いもかけない展開であっという間に逆転したら、勝ったチームのファンたちは鳥肌が立つほど感動するでしょう。

実際に2024年のアメリカMLB・ワールドシリーズ第5戦で起きた大逆転劇がその例です。5点差で負けていた5回に相手チームの3連続エラーという思いがけない出来事があり、この試合で大谷翔平選手のいるロサンゼルスドジャースがニューヨークヤンキースを破り、ワールドシリーズを制覇したのです。

観戦していた人たちには、予想外の驚きの連続で、感動ものでした。私も「これだから、やっぱり大谷のいるMLBの試合観戦は最高だな」と感動し、来シーズンの開幕がさっそく待ち遠しくなりました。

人は感動を得たとき、その記憶が脳に深く記憶され、**「また同じような感動に浸りたい」**

と欲求するのです。

テーマパークの場合なら、予期せぬ感動を得たゲストは「またあのパークに行きたい」と考え、実際に行きます。これが、感動を求めて再びやってくるゲスト、すなわち**リピーター**です。

テレビ番組で取り上げられた宿泊施設や飲食店などに、一時的に人が殺到することがありますが、そうした効果が続くのはほんの短い間です。そこで感動した人々がリピーターとなって人気が続くか、一気に引いていくかは、まさに内容次第なのです。

お金を払うお客様（ゲスト）は、自分のリアルな体験と感想に導かれ、最終的にはいつも「正しく判断」するものなのです。

「価値提供ビジネス」「感動」「リピーター」の関係性は、まとめると、次のように表すことができます。

① 感動を求める人々に対し、記憶に残る価値あるものを提供するのが「価値提供ビジネス」。

② 感動とは、想像を超える「驚き」や「発見」などを体験することで、心が強く動かされ、脳に記憶されていくこと。

③ 感動が潜在意識に残った人は、「また同じ感動に浸りたい」と欲求し、「価値提供ビジネス」の「リピーター」となる。

第3章

心を動かす「驚き」「発見」のつくり方

――「ジュラシック大恐竜展」

1　一度体験したらリピーターになるアトラクションの舞台裏

恐竜時代再現への挑戦

感動とは、想像を超える「驚き」などを体験することで、それによって心が強く動かされ、脳に記憶されていくことだと定義しました。

第3章では、想像を超える「驚き」に加えて、「思いがけない発見」が引き金となり、多くのゲストが感動した事例をご紹介します。それは「ジュラシック大恐竜展」という体験型展示イベントです。

恐竜をテーマにした展覧会やイベントは昔から人気ですが、その内容はいつも、恐竜の骨格（レプリカ）を展示するというものばかりでした。そんな中で1993年、東京・上野の国立科学博物館の恐竜展で1体だけ、動く恐竜ロボットが展示されました。つくったのは、ロボットづくりで日本一の会社「ココロ」でした。1体だけであっても、会場ではゲストから大変な人気を博していました。

展示を見た後、私は「大きな恐竜たちが生きていた頃のようすを、複数の恐竜ロボットを使って再現できたら、素晴らしいだろうな」と考えました。ロボットがただそこに展示されているだけではなく、恐竜たちが生きていた時代の環境まで再現し、その森に何体もの動く恐竜ロボットを配置することで、映画『ジュラシック・パーク』のように迫力のある体験ができるのではないか？ と思いついたのです。

前例はないものの、そんな展示をするにはどうしたらよいか、早速アメリカで調査を開始しました。

ひとつはフロリダのウォルト・ディズニー・ワールド・リゾート内の「ディズニー・アニマルキングダム」にある「ダイノランドＵＳＡ」が参考になりました。そこには化石発掘現場が再現されていたのです。また、同じくフロリダにあるユニバーサルパーク内にも、本物のシダやソテツなどを密生させ「恐竜の森」をイメージするようなエリアがありました。

これで恐竜の森のイメージが固まりました。森にはシダやソテツなどの低木に加えて、雰囲気を出すために高さのある樹木として恐竜時代を彷彿とさせるセコイアの木を入れることにしました。大きな木のレプリカをつくっている会社を探し出し、６ｍほどのセコイアの木３本をはじめ、大量の擬木、擬草を買いつけました。すべてアメリカのメーカーからの直輸入です。

日本にも擬木や擬草をつくっている会社はありますが、種類も本格さもアメリカには負けるのです。ロサンゼルスはエンターテインメントの中心地で、レジャー産業の裾野が広く、種類も豊富にありました。

森の中に配置する恐竜のロボットは、全部で10体をココロからレンタルしました。

ポイントはどうやって大きな森をつくるかと、動く恐竜ロボットをいかにリアルに見せるかということでした。

森の模型をつくり、ゲストからの恐竜の見え方を何度も検証しました。すると検証段階で、木や草だけではすき間から次のシーンが見えてしまうことがわかり、追加で大きな岩の壁をところどころに立て、見えないように工夫しました。それでもオープン前日の夜中まで、アメリカ人デザイナーとともに「ここにもう1本足せないかな?」などと、樹木の配置換えに格闘したものです。

ゲストが森に入っていくと、背中から尾にかけて何枚もの骨質の板を持つ草食恐竜のステゴサウルスが登場します。次にカモノハシのようなくちばしを持つ、これも大型の草食恐竜のマイアサウラが子育てをしているのが見られます。

大きな岩をまわり込むと、岩の上と下に知能がもっとも高いと言われるヴェロキラプトル

日本各地で開催されている「ジュラシック大恐竜展」の目玉。
動くティラノサウルスの全長は13m、高さが7mあり天井に届くほどだ。

が2匹でゲストを威嚇します。その岩の間を抜けると開けた場所に出て、そこには可愛い草食恐竜のプロトケラトプスが草を食べています。

さらにその先に行くと、大きな角を持つトリケラトプスが何かと対峙しています。何だろう？　と思いながらいっそう高い壁の先へとまわり込むと、最強の肉食恐竜であるる大きなティラノサウルスがトリケラトプスを襲おうとしているのです。こうして、森の中に恐竜たちの物語を展開しました（写真）。

オープン当日は、ゲストが「おお〜、すごい！」と驚いている様子を見て、大いに感激しました。

古生物界のインディ・ジョーンズと呼ばれる博士の協力

森を抜けたところには、さらに「化石発掘広場」もつくりました。岩に囲まれた広場の中心に、手が汚れにくい荒い砂を満たした、5m四方の発掘広場です。この砂の中に、原寸大のティラノサウルスとトリケラトプスの化石の複製（骨格レプリカ）の一部を埋め込みました。原寸大の頭から胸の部分までの片側半身で、5mにもなります。

子どもたちが刷毛《はけ》で砂を払っていくと、しだいに化石が出てくるというわけです。

この迫力満点な、本物の化石そっくりの原寸大のレプリカは、アメリカでつくってもらいました。以前フロリダの展示会で知り合った、世界的に有名な恐竜化石ハンターで古生物界のインディ・ジョーンズと呼ばれるピーター・ラーソン氏と、彼が設立したブラックヒルズ地質学研究所にお願いしたのです。

ラーソン氏は4歳のときに恐竜の化石発掘に目覚め、長年発掘と研究を続けている人物です。毎年チームを組んでは、1ヵ月も2ヵ月も化石の発掘に行きます。そうして発掘した恐竜化石から精巧な骨格複製をつくり、博物館などに販売しています。

全身の90％の骨が化石として発見された世界最大（全長12・3m）のティラノサウルス

「スー」の化石も、彼と発掘チームが発見したものです。

ラーソン氏は根っからの恐竜化石発掘オタクですが、こちらの企画を説明し「日本の子どもたちに化石発掘体験をさせたい」との希望を伝えると、博物館に展示されるレベルの本格的な原寸大の骨格レプリカをつくってくれました。子どもたちのためにと、嬉しそうにアイデアを出してくれたのが印象的でした。

彼の発掘体験談も面白いものでした。広大な砂と土ばかりの土地の中からどうやって化石を探し出すのかと聞いてみると、「長年やっているので、臭いでわかるんだ」と言うのです。果たしてどこまで本当なのか、ジョークなのか……。

スーの話になると悔しそうに、発掘を始めるときに土地所有者にはちゃんとお金を払ったのに、あとから「ここはもともとネイティブアメリカンの居住地なので、先祖のものだ」と言い出され、スーの化石の所有権をとられてしまったと話していました。

ラーソン氏は現在、子どもたちが学べて化石発掘体験のできる施設をつくりたいと、相変わらず意欲的に活動しています。

話は戻り、２００２年夏に大阪南港ＡＴＣホールで「恐竜大陸２００２」と銘打ってオープンした恐竜展は、普段から恐竜展に行くことの多い恐竜ファンの人たちにも、初めて来たという人たちにも、感動してもらうことができました。その証拠に、この夏休みイベントは毎日うなぎ上りに集客が増加し、最終日の9月1日は来場者数2万人を記録する大ヒットとなったのです。

ゲストに「動く恐竜の森のリアリティー」という驚きをもたらしたこと、発掘現場というハンズ・オン（体験学習）手法を取り入れたことが、大ヒットとなった理由だと思います。この恐竜展のスタイルはその後もドリームスタジオの売りとなって、初開催から20年以上経った今も「ジュラシック大恐竜展」というタイトルで続いています。

目の前にエイリアンを飛び降りさせる

今は閉園した福岡県北九州市のスペースワールドに、ドリームスタジオがつくった「エイリアンパニック」という宇宙ホラー系アトラクションがありました。

墜落したＵＦＯの中を歩き、スタッフが扮するエイリアンから逃げる、いわば「宇宙版お化け屋敷」です。１９９０年にオープンしてからロングランの人気を保ち、いつも行列が絶えませんでした。

それでもオープンから時間が経ったことで、２００５年、クライアントから強化策として

「エイリアン役のスタッフが、ゲストの頭上から飛び降りてくるようにすることはできないか？」という相談を受けました。

その手段として、自動車工場の生産ラインなどで上から吊られた特殊工具の重さを軽減するための「バランサー（重力軽減器）」という器具の存在まで、クライアントの企画担当者が調べていました。このバランサーを使って、エイリアン役のスタッフを上からゆっくり飛び降りさせようというのです。

確かに面白いアイデアで、実現すればゲストがあっと驚くことは間違いなしです。それから具体策の検討に入りました。

いちばんの問題は、どうやってスタッフを吊り上げ、飛び降りるか、そのときの安全をどう確保するかということでした。そのために最重要となる、スタッフを吊るすためのハーネスについて、まず調査を開始しました。舞台演劇では役者を吊り上げて空中に飛ばすことがあるので、そのハーネスをつくっている会社を探し当てて、使用方法と注意事項をよく確認したうえで作製を依頼しました。

ハーネスの第1号が完成し、次に新潟にあるバランサーのメーカーをクライアントとともに訪問しました。メーカーの工場内に飛び降りるためのテスト台とバランサーを準備してもらい、ハーネスを装着したスタッフが、天井のバランサーに吊られた状態で飛び降ります。「大丈夫、ふんわりと飛び降りることができる！」クライアントの企画担当者が嬉しそうに声を上げました。成功だ、これなら使用できると確信しました。なお私は実を言うと高所恐怖症のため、テスト現場に立ち会ったものの、自ら飛び降りることはできませんでしたが……。

ここまで徹底した安全確認は見たことがない

安全の確認には慎重のうえにも慎重を期し、クライアントとともに二重三重のケースを想定し、準備しました。

現場で実際に導入するときの運営側の用意周到さを見て、「他のパークでは二の足を踏むようなこのアトラクションは、ここでしかできないな」と思いました。企画担当と運営担当のいずれもが、そんなことまで考えるのかというくらい入念にあらゆる事態を想定し、対策を考えていました。

ゲストの安全という面では、まずパーク内の別部署のスタッフに、人が飛び降りてくることを事前に知らせずゲスト役としてアトラクション内を歩いてもらい、ゲストの動きを徹底的に把握しました。そのうえで、エイリアン役のスタッフが飛び降りるタイミングと位置を、詳細に決めていきました。ゲストがどのラインまで来たら飛び降りるか、あるいはどのラインを過ぎてしまったら飛び降りを見送るかということを決めたのです。

飛び降りるときは、エイリアン役のスタッフは必ずゲストの後ろ側に飛び降りることとし、ビックリしたゲストの行く先をふさぐことのないようにしました。行く手をふさがれると、ゲストは動転し思わぬ行動に出る可能性があるためです。

さらに最初の頃は、別のスタッフがすぐ近くで待機して、万が一接触するような場合にはすぐに飛び出せるように備えました。

「安全確認に関して『やりすぎ』はない」ということを、このパークの運営現場の人々はよく理解していました。ゲストの評価も高く、パークが閉園した後も長く語り継がれるアトラクションになりました。

日本初、奇想天外なライドの発案者

三重県の志摩スペイン村にあった本格的なダークライド（屋内型コースター）「アドベンチャーラグーン」（1994〜2012年）も、ゲストに驚きを与えるものでした。水陸両用の車輪つきボートを使ったアトラクションです。

志摩スペイン村を開業するにあたり、クライアントから「パークの目玉となる、ディズニークラスの本格的アトラクションを」という要望を受けてつくったものでした。

始めはボートが穏やかに水面を進み、スペイン風の古いお城に上っていきます。圧巻はクライマックスの場面です。ライドが円形の部屋に滑り込んでいったん停止すると、周囲の壁に嵐の映像が映し出されます。次に、ライドの走路の先端が一度切れてから、その下にある別の走路に接合し、ライドは合体した新たな走路の上を滑りながら下の池に向かって落下していくのです。

初めて乗るゲストは、この場面の展開にビックリします。

このときライドの設計をしたのが、合弁会社のアメリカ側のパートナー会社「ライド・アンド・ショー」の共同代表、ビル・ワトキンス氏でした。ディズニーパークでライド技術者だった彼は、フロリダのディズニーパークのスペース・マウンテンや、「エプコット」のノルウェー館にかつてあった、逆走するボートライド「メイルストロム」などを設計した人物です。

ビルはフロリダのディズニーパークにあるスペース・マウンテンの設計を行ったとき、同一走路上に複数の高速ライドを走らせるためのブロックゾーン・コントロールという制御システムをつくっていました。これは全体の走路をいくつかの区域（ブロックゾーン）に区分し、各区域に１台のライドしか入らないように設計したもので、もしも同一区域に２台が入ったらブレーキが自動的に作動するというシステムです。

自宅にレース用のスポーツカーを３台保有している車（ライド）オタクで、会議ではほとんどしゃべらずブスッとしていますが、ライドのことになった途端「それは違う！　こうだよ……」などと大きな声でしゃべり出します。

話は逸れますが、ビルが日本滞在時にいちばん喜んだのは「とんかつ」でした。「こんなにうまいものはない」と感激してくれるので、食事に連れて行くときはメニューが決めやすくとても助かりました。

そんなビルが、「いったん停止したライド（ボート）を乗せたまま、走路が一度切れて別の下り坂の走路と合体し、その新たな走路上をライドが滑り降りる」という奇想天外なアトラクションを考えついたのです。こんな発想は並の人では出てこないでしょう。

乗り物オタクたる彼の真価が出ていました。

走路が切れるライドは、当時日本国内では初めてのことで、乗り物の安全を監督する所轄官庁の許可をとらなければいけませんでした。この許可取得のための申請作業も大変で、施工全体をまとめる建設会社とともに汗をかきました。ちなみにこのとき、元請けとしての建設会社は、昔、私が働いていた東洋エンジニアリングでした。

審査機関からの安全確認の審査は厳重を極め、時間がどんどん経過していき、そのうち製作開始が間に合うか心配になってきました。このときの乗り物は走路を含め、アメリカのパートナー会社に一括で発注していました。製作開始が遅れればアトラクション全体の納期に影響が出るかもしれません。これには本当にやきもきしました。

しかし何とか、ビルの画期的なアイデアと日本側関係者の努力が実り、志摩スペイン村の開業に合わせて無事にオープンすることができました。

新会社ができたばかりの2年目にスタートしたプロジェクトで、人数もわずかしかいない小さな会社がこれほどの大型ライドアトラクションをつくり上げることができたのは、「アメリカのアイデアをわれわれが実現するのだ」というスタッフの意気込みと、東洋エンジニアリングの推進力によるものだと思います。とにかくやり抜くのだという気持ちが少しでもしぼむようなことがあれば、成し遂げられなかったかもしれません。

ゲストがあっと驚く本格的なダークライドは、20年近く支持されました。ゲストに大きな驚きと感動を与えるのは並大抵のことではないですが、クライアントの希望に応えようとするつくり手の熱意、技術者たちの後押し、異能のプロという3つが揃い、実現した例となりました。

ロビーを毎日カモが行進するフロリダの高級ホテル

テーマパークだけでなく、サービス業は激しい競争がありますから、ゲストが喜ぶことを常に考えています。アメリカで、驚くべきホテルに泊まったことがありました。

フロリダ州オーランドで毎年行われるレジャー博覧会に参加した1998年のことです。出展会社の知り合いが、会場の目の前の高級ホテル「Peabody」を予約してくれました。

博覧会1日目が終わり会場からホテルに戻ると、ロビーは大変な人だかりです。その中を悠々と行進してくるのは、たくさんのカモたち。カモたちの堂々たる行進を、ビジネスマンもファミリーも、大喜びで取り巻いて見ているのです。

カモたちはロビーの中央に到着すると、そこにある噴水の中に飛び込みました。「えっ！なんでホテルのロビーでカモが……」と、私はあまりの出来事にびっくりしていました。

このカモの行進は実は30年以上続いていて、このホテルの名物としてアメリカでは有名なのでした。そもそもはカモ猟好きのホテルのオーナーが、猟で囮《おとり》に使う木彫りのカモ（デコイ）をロビーに飾っていたところ、市内のサーカスの動物調教師が「生きたカモの行進をしないか？」と売り込みに来たのだそうです。そしてそのときの「それは面白い！　きっとゲストは喜んでくれるだろう」というオーナーの一言で、このカモの行進が始まったといいます。

もちろん彼にもビジネスマインドはあったと思いますが、「ゲストに見せてあげたい」というオーナーの心意気から始まったということに感動しました。

このカモの行進はその後全米に知れ渡り、ホテルの名物となったのです。このオーランドのホテルはその後、別のホテルチェーンに買収されたためにここでのカモの行進は終わりましたが、テネシー州メンフィスのPeabodyホテルでは今も続いています。

2　行動経済学を超えた「価値提供ビジネス」

得した嬉しさよりも、損したがっかり感のほうが強く残る

行動経済学では、人は**「得した嬉しさよりも、損したがっかり感を強く感じ、時間とともも**

にがっかり感は増大する」と分析しています。

ゲストは行動を起こす前に自分の心に期待水準（期待値あるいは参照値：Reference Point）を抱き、ゲストはこの値と比べて体験結果が上回るか下回るかで評価をすると考えます。このときの期待水準はゲストが自分で描くものなので、現実的期待値（現実期待）と言えるでしょう（125ページ図）。

体験結果が期待値を下回ると、ゲストは「失望し、損した気分で、否定的になり」、逆に期待値どおりなら「得した気分で、満足感を得る」ことになります。

週末にテーマパークにやってきたファミリーの、期待値を下回った例を考えてみましょう。アトラクションを楽しみにやってきたものの、長時間並んで乗ったアトラクションは期待はずれ。食事もありきたりで工夫がない。歩き疲れても、休憩できるようなカフェは満席で待たされます。帰りの出口のゲートで、父親と母親が「もうここには二度と来ない。前に行った△△とはだいぶ違うな」とつぶやきます。

逆に期待値を上回った場合、ゲストは満足し、「楽しかったね。今度親戚も誘ってみんなで来ようかな」などと話します。

こうしたふたつの評価について、行動経済学ではさらに分析しています。期待値を下回って損をした場合は、時間が経つとその不満がどんどん強くなるのに対して、期待値どおりか上回った場合の満足感は、意外にも一定以上には高まらないというのです。そのため期待値を下回ったケースでは、ゲストの不満の解消を素早く行うことが必要と説きます。物品なら早急に代替品と交換する、サービスなら別のサービスを無償で提供するなどのリアクションをとらなくてはなりません。

ゲストの不満には「とにかく早く手を打つ」が大原則。特にその不満が本質にかかわるものならば、どれだけお金がかかったとしても修復すべきです。テーマパークのような「価値提供ビジネス」において、ゲストの不満をそのまま放置することは命とりになりかねません。これはテーマパークに限らず、多くのサービス業でも同様です。

「価値提供ビジネス」における深感動

ただし行動経済学の「損したか、得したか」というふたつの概念だけでは、ゲストの気持ちを説明しきれないことがあると、私はこれまでの経験から考えています。

それは、**期待値をはるかに超える「想定外の驚きや発見」があった場合の、ゲストの心の動き**です。

このとき参考になるのが、ユング心理学です。ユング心理学では、人はみな心の底にふたつの無意識を持っていると説明し、それを「普遍的無意識（集合的無意識）」と「個人的無意識」と呼んでいます。普遍的無意識とは、人が遠い昔の祖先から受け継ぎ本来的に心の底に持っているものをいい、個人的無意識は後天的に取得した体験によって深層心理に記憶された意識をいいます。

たとえば水平線から朝日が昇るのを初めて見たとき、人はその崇高な美しさに大きく感動しますが、これは人が先祖より受け継いだ普遍的無意識が呼び起こしたというわけです。

それでは人が後天的に獲得した個人的無意識とはどういうものでしょうか。ディズニーランド開業のときに、ウォルト・ディズニーが「大人の心の奥底に眠っている子ども心を呼び起こす」と言っていた「子ども心」こそ、個人的無意識の代表です。

このふたつの無意識は、日常においては認識されることなく心の底に眠っていますが、想定外の驚きや感動を受けたときに呼び起こされ、深い感動＝「深感動」を生み出すことになります。

茂木健一郎氏の著書『感動する脳』で、感動の素は「意外性」と「なつかしさ」にあると書かれていることを第2章で紹介しました。ユングの言う「ふたつの無意識」こそ、茂木氏の言う「なつかしさ」の源泉だと言えるでしょう。

深感動は脳内に「長期記憶」として刷り込まれ、消えていくことはありません。あるときにふと「あのときの感動をまた得たい」という願望となって現れます。そして**熱心なリピーターになってくれる**のです。このとき、ゲストは「向こうからやってくる」状態になります。

ただしこれはあくまで、期待値をはるかに超える感動をゲストが得た場合のことです。ゲストが抱く期待値を多少上回った場合については、ゲストは満足感を得ることはできたのでまた来てくれる可能性はあるものの、満足感そのものは時間の経過とともに忘れられてしまうので、必ずしもリピーターになるとは限りません。

つまり真のリピーターを生み出す源は「深感動」にあり、「想定外の驚き」を味わったときに生み出されます。

集客のためにイベントを企画したりアトラクションを追加したりすることは、広告的な側面では大切ですが、リピーターを生み出すということには直接結びつきません。

リピーターを生み出すための「本質」は、パーク内にどれだけ感動を生み出すものがあるかなのです。「ゲストが自分の頭に描いている期待」を飛び越えるコンテンツを提供するこ

**図　「期待値以下」から「深感動」まで
ゲストの反応を読み解く**

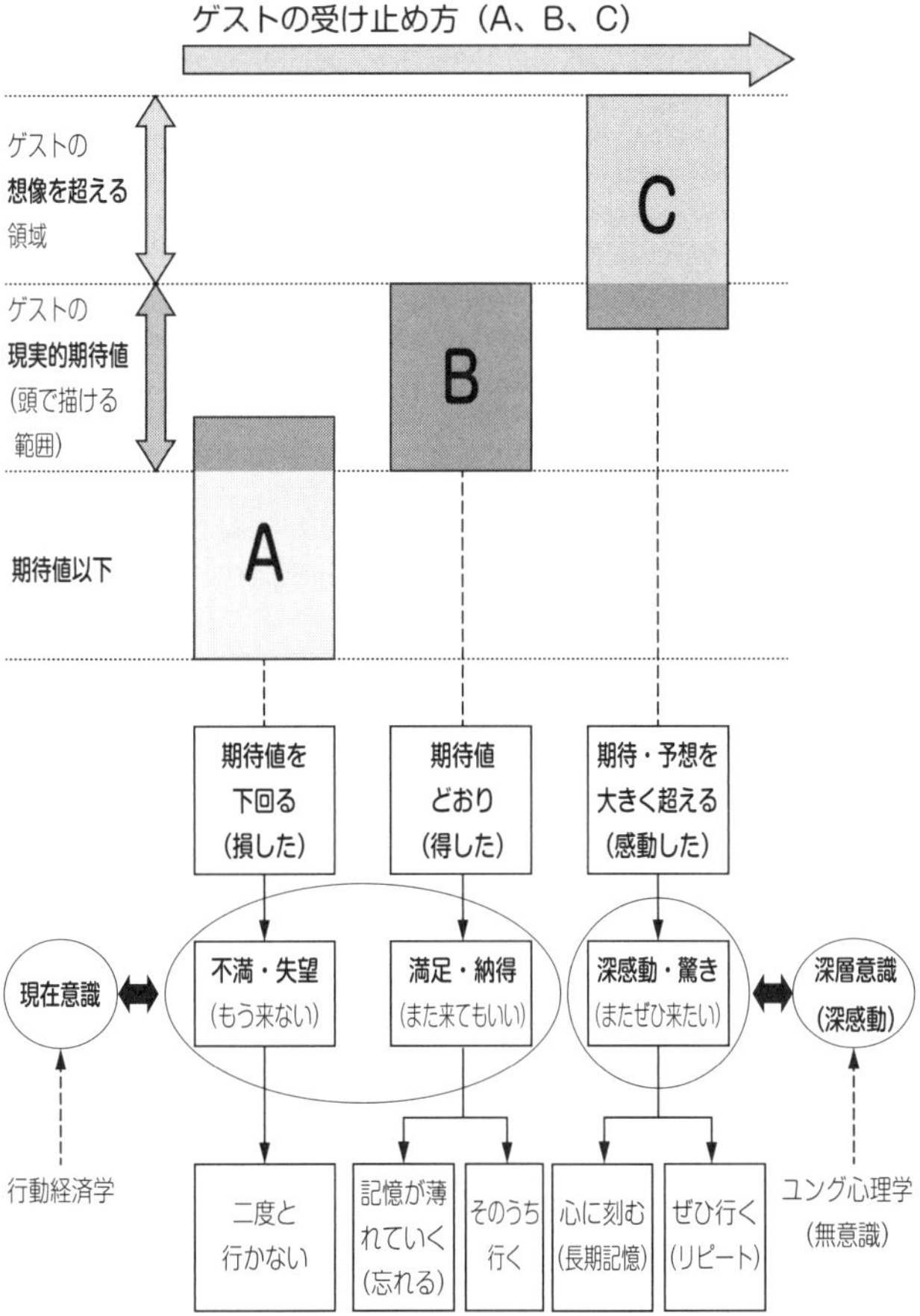

とが重要で、そうしなければリピーターを確保することは難しいでしょう。

行動経済学は、ここまで言ってはいません。行動経済学は人のエモーショナルな部分については、それほど触れていないのです。しかしサービス業においては、感動といったエモーショナルな部分が非常に重要となるのです。

3 人はどうしたら「感動」するのか

グリコのオマケが人の心をつかんだ理由

人は偶然性（偶有性）を大いに好むことは広く知られています。

旅先で昔からの友人と偶然出会ったときの喜びの大きさを想像してみてください。普段約束して会うのと比べて、何倍もの喜びを感じるはずです。このように人は、偶然性に大きく心を動かされるのです。

グリコのキャラメルのオマケはどうでしょうか？　箱を開けるときのワクワク感、何が出てくるかわからないことに対して、人は心が揺れるのです。もしも「何が出てくるかわかっているオマケ」であったなら、グリコはこれほどの大ヒット長寿商品にはならなかったでしょう。

考えてみればオマケそのものは簡単なつくりのものかもしれません。しかし子どもの頃感じた「何が出てくるかわからないドキドキ感」や、開けてオマケを見たときの気分の高揚感、周りとの会話の盛り上がりなどが楽しいのです。それこそがこのグリコの価値であり、ついついまたグリコを買ってしまうのです。

最近は「ガチャガチャ」「ガシャポン」などとも呼ばれる、コインを入れて回転式レバーを回したらオモチャが出てくる「カプセルトイ」が、日本人にも外国人観光客にも大人気で、カプセルトイ専門店も急増しています。ひとつの販売機に同シリーズの商品が数種類入っていて、どれが出てくるかはお楽しみというドキドキ感に、人は惹きつけられるのでしょう。

クリッターカントリーでの「思いがけない発見」

「驚き」とともに、「発見」も深感動をもたらすものです。

東京ディズニーランドに、スプラッシュ・マウンテンなどがある「クリッターカントリー」というエリアがあります。あるとき私は、スプラッシュ・マウンテンの出口から大通り

クリッターカントリーのスプラッシュ・マウンテンの出口から、
ファンタジーランドに向かう通路上の岩壁では、小さな動物たちの家のドアが見つかる。

に向かう手前で、思いがけない発見をしました。道の横の岩壁の上に、高さわずか6cmほどの「小さな小さなドア」があったのです（写真）。小さなドアに向けて、地面から壁に沿ってとても小さな階段もつくられています。

クリッターカントリーは、小動物がたくさん住んでいるという設定なので、ドアの向こうには小さな動物が住んでいるということなのでしょう。

見つけたのは、当時幼稚園生だった娘でした。彼女が「あれ、何かドアがあるよ！」と声を上げなければ、私は気がつきませんでした。それを見たときには心底感動しました。「なんと可愛い。よくぞこんな家をつくってくれたな！」

おそらく、ほとんどの人はこれを見逃しているでしょう。設計した人もきっと、100人いたら95人が素通りするだろうなとわかっていて、「でも5人くらいが気づいてくれたら、それでいい」と思ったのではないでしょうか。そして偶然それを発見した人は、つくり手の意図どおり「えっ！」と驚き、なんだかとても嬉しく感じるのです。

派手なアトラクションはテーマパークの目玉であり、ゲストは当然それに感動します。しかしこのクリッターカントリーの小さな家という予想外の発見も、大いに驚き、感動するものでした。こうした発見が、心の底の無意識を刺激し、感動に結びつくのです。

そういうゲストの心理まで考えて、園内の隅々まで工夫を凝らしてつくっているところが、ディズニーランドのすごさなのだと改めて感じます。

ヒマワリ畑の2㎝の恋人たち

ドイツ・ハンブルク港の倉庫街に、ジオラマと鉄道模型でつくる「ミニチュア・ワンダーランド」というテーマパークがあります。私は鉄道模型ファンではありませんが、日本のテレビ番組での紹介が面白かったので実物を見てみようと思い、訪問しました。

倉庫街のビルの3階から4階にかけて、ジオラマと鉄道模型がぎっしりと詰まっています。「なんだ、それだけか」と言われそうですが、鉄道模型に関心のない私が、朝いちばんに訪問し、館内で簡単なランチを食べ、ついに夕方まで居続けたのです。

何がこんなに私を惹きつけたのでしょうか。鉄道模型も素晴らしいのですが、ジオラマのユニークさがあまりに秀逸だったからです。実際の街や村をそっくり再現したうえで、そこにいる人々の生活を余すところなく描ききっています。

街の道路にはオートバイで転倒する人、アパートには夫のいない隙に浮気をする妻。火事も発生し消防車も駆けつけます。車が行きかう大きな橋の上で、車の群れの中を三輪車で進む小さな子ども。運河では、発見された水死体に警官や探偵が駆けつけています。

なんだかハチャメチャで、日々のハプニングが凝縮されており、いたるところにユニークな発見があります。

私がいちばん気に入ったのは、村のヒマワリ畑の中に布を敷き、男女が愛を語りあっているシーン（131ページ写真）。よく見ないと見過ごしてしまいますが、これを見たときは「こんなところに！」と、何とも言いようのない感激がありました。

村のはずれには宇宙人が集まってコミュニティを形成しているし、高い雪山の上ではヌー

ヒマワリ畑のカップル。ミニチュア・ワンダーランドには世界最大規模の鉄道模型に街や田園などがあしらわれ、自分で物語を発見する喜びが詰まっている。

ディスト・パーティの真っ最中、まさに奇想天外です。見ていて飽きないので、時間を忘れていくのです。

わずか2㎝の人形たちが、ひとりひとり生を主張しているようです。

この人形は決して精巧にはつくられておらず、むしろ「いびつ」でもあります。後で聞いたら、この人形の制作は専門の会社に頼んだのではなく、パン屋で働く器用な職人を雇ってつくったというから驚きました。しかしこの素人っぽさと自由奔放さが、このミニチュア・ワンダーランドの面白さを醸し出しています。

さらにジオラマと、鉄道・車・船・飛行機といった乗り物は、コンピューターで制御されて連動していました。たとえば町中のアパートで火事が発生し、部屋から煙が出て、消防車のサイレンが鳴り響きます。すると走っている車が止まり、消防車が駆けつけて消火活動にあたる、といった仕組みが埋め込まれているのです。

実はこのとき、東京にこのミニチュア・ワンダーランドの分館をつくれないかと思い、先方の広報責任者に事前にこちらの意向を伝えてアポをとり、交渉したのでした。しかし先方からは、「当面この展示館を拡充することに注力したいので、東京への進出は難しい」と断られました。

広報責任者の彼は館内を案内してくれ、ジオラマの中で動いている制御システムも見せてもらいました。

彼からはミニチュア・ワンダーランドをつくったときのエピソードなども聞かせてもらいました。

この展示館をつくったドイツ人の若い兄弟は、鉄道模型はまったくの素人だったそうですが、「どうしたらゲストに楽しんでもらえるか」という気持ちを込めてつくったと言います。私の大好きな「ヒマワリ畑の恋人たち」も、きっと兄弟ふたりで笑い合いながらつくったのでしょう。**自分が楽しくなければ、人を楽しませることはできない**のですから。

今から8年くらい前に、あの狭い空間に年間150万人を超える人を集めていました。その後もヨーロッパに行くたびに立ち寄る、私の大好きな場所ですが、いつ行っても飽きない新鮮さがあります。

ロサンゼルスのドアマンにまんまと一本とられた話

ミニチュア・ワンダーランドに何度も行っていると言うと、「ホッとする場所なんですか?」と聞かれることがありますが、まったく違います。斬新でユーモアのあるアイデアが表現されているジオラマに、いつも興奮するのです。

エンターテインメントの世界では、ゲストをホッとさせたら失敗です。ホッとはさせず、**興奮させる、感動、感激させなくてはいけない。それがエンターテインメントです。**

栃木県日光市のテーマパーク「東武ワールドスクウェア」も、世界の建造物や世界遺産のミニチュアを展示しています。こちらは非常に精巧につくられ、その出来栄えは素晴らしいものですが、ハンブルクのように細部にまで遊び心が感じられないのと、びっくりするような発見がないのが残念です。

日常でも、予想外の出来事が起きたとき、人は驚き興奮します。たとえば結婚記念日に当時の思い出が蘇るようなプレゼントを贈られたり、誕生日に子どもたちがこっそりと時間をかけてつくり上げたものをもらったりしたとき、人は驚き、感動するものです。

私のドリームスタジオ退任パーティの2次会で、もう何年も会っていなかった昔の仲間たちが、幹事の手配でサプライズとして各地から駆けつけてくれたときは、予想もしていなかった展開に感激し興奮しました。幹事は、私が昔の仲間に会ったらどれだけ喜ぶかということに思いを馳せ、探し出して呼んでくれたのです。

さらにビックリしたのは、仕事上のつきあいのあった海外の人たちからのビデオメッセージが流れたこと。何年も前からつきあいのあるアメリカ人、最近一緒に仕事をした若い中国人からもメッセージをもらい、本当に嬉しく懐かしく、涙が出ました。どれくらい前から連絡をとって準備をしてくれたのか、幹事の心遣いに感動しました。

また、昔ロサンゼルスへ出張する際、たびたび泊まるホテルを訪れたときのこと。空港からタクシーでホテルに着き、旅行カバンを下ろすと、ドアマンがそのカバンをとり「ウェルカムバック（おかえりなさい）、マツモト」と言うのです。エッ！ このドアマンは僕の名前を覚えてくれていたのか？ この前来たのは随分前なのに、よく覚えていてくれたなと感激し、当然チップもはずみました。

部屋に入って、その謎が解けました。部屋でカバンを開けようとしたところ、カバンのネームタグにMatsumotoと記入してあり、ホテルの古いシールも残っていたのです。ドアマンはカバンを受け取ると瞬時にタグの名前とシールを見て、おかえりなさいという挨拶とともに名前を呼んだのです。

ネタがわかれば簡単なことでしたが、彼はゲストが名前を呼ばれることで喜ぶと知っていて見事に実行したわけで、やはりその心遣いと手際のよさは素晴らしいなと思います。

サービス業にとどまらず、人と接するときは、相手の気持ちをどれだけ読み取ることができるかが勝負なのです。さらには相手が驚き、興奮し、それによって感動することまで考えるといいでしょう。

そのためにはくり返し、日頃から「相手のために」ということを考え続けるのです。

第4章

「失われた30年」に唯一右肩上がりを持続

――「スパリゾートハワイアンズ」

1　賑わいを維持する三大要素

どんな施策が奇跡を起こしたのか

全国の和製テーマパークが苦難にあえいでいた1990～2010年代、唯一右肩上がりの集客を続け「奇跡」と言われていたのが、福島県いわき市の湯本温泉エリアにある「スパリゾートハワイアンズ」です。東京ドーム6つ分の広々とした敷地に、巨大な温水プールや温泉が充実しているテーマパークです。

似たような通年型屋内水浴施設として、過去にもワイルドブルーヨコハマ（横浜市、日本鋼管運営）やシーガイア（宮崎市、フェニックスリゾート運営）といった施設がつくられてきましたが、いずれも夏以外の集客が困難で経営破綻をしました。

プール系のテーマパークにとって、気温と季節感というものは意外と侮れないのです。屋内の温水プールなら、通年で集客ができるのでは？　と思われるでしょうが、日本人はまるで四季の感覚がDNAに刷り込まれているかのように、夏が終わると水着を片付けてしまい、秋になると多少暑い日があってもプールには出掛けないものなのです。そうして、ワイルドブルーヨコハマやシーガイアは失敗しました。

ではなぜ、スパリゾートハワイアンズだけが成功し、年間利用客150万人の人気施設として賑わいを維持できたのでしょうか。

そこには3つの要因があります。

①地場に密着した施設に育てた、地道な営業努力とアイデア。

②ハワイというテーマの付加価値の具体化。

③ゲストが終日楽しめる背景にあるサービス精神。

週末対平日の来園者数が2対1を達成

スパリゾートハワイアンズには、圧倒的にリピーターが多いという特長があります。「トップシェービング効果（大人気の集客施設で週末の混雑を避けて平日に人が流れること）」のある東京ディズニーランドや東京ディズニーシー、ユニバーサル・スタジオ・ジャパンは別格として除外しますが、一般的なテーマパーク・遊園地は、週末と平日の集客数が6対1から8対1、下手をすれば10対1と、圧倒的に週末のゲストが多いものです。

しかしスパリゾートハワイアンズは、週末と平日の客数が2対1なのです。この2対1という数値は、私が今まで見てきたどこのテーマパークや遊園地でも経験したことのない、まさに**「奇跡の数値」**です。

これは地元福島県やその近郊からの平日の来園客数が安定しているからこそで、いかにゲストの評価が高く、リピーターとなっているかを示しています。またスパリゾートハワイアンズは、そのための地道な努力を長年続けているのです。

担当者に聞くと、**「平日の集客は、地場に徹して来てもらっています」**と教えてくれました。平日用の割引券などを出したり、営業が地場の企業をくまなく回ったりと、地元にさまざまなセールスを続けることが功を奏していました。

平日のゲストは、高齢者もいれば、平日に休みがとれるサービス業などの若い人も案外います。学生も、学校が早めに終わった日に午後から来て、夜までプールで泳いだりショーを見たりして帰る、という遊び方をするそうです。

いわき市は車社会なので、車で来園するゲストが多いですが、JR常磐線の湯本駅からの無料送迎シャトルバスも毎日運行し、ゲストの「足」を確保しています。また関東圏という遠方の宿泊ゲストのための無料送迎バスも、毎日定期運行をしています。これは宿泊者専用で、東京・新宿・横浜・さいたま・西船橋・松戸からホテル玄関前まで送迎しています。

ゲストの「足」の問題は、私は非常に重要だと考えています。**人口の多いエリアとテーマパークとを結ぶ無料送迎バスの施策は、全国のテーマパークがもっと取り組むべき**だと思います。

バブル崩壊後、あれだけ「テーマパーク冬の時代」と言われ、さまざまなテーマパークが閉園した中で、唯一集客が伸びたのがスパリゾートハワイアンズです。

私はデザイン業務やイベント企画・制作の依頼を請けたことで、このクライアントの地に足のついた経営姿勢を間近で見ていました。ゲストにしっかりと向き合う現場を見るたび、これこそが集客につながる姿勢だと感心したものです。そこでテーマパーク関係者と話すとき、私は「ぜひ一度スパリゾートハワイアンズに行ってみてください、必要だったら担当者も紹介しますよ」といつも勧めています。

本場にも匹敵、圧巻のハワイアンショー

スパリゾートハワイアンズのメイン施設「ウォーターパーク」のプールサイドには、ヤシなどのハワイを思わせる環境演出があり、そこで実施されるフラガールショーはいつ見ても

圧倒されます。このショーは、私がハワイ島のコナで見た本場のショーと比べても遜色ないダイナミックさです。

フラガールは、スパリゾートハワイアンズの前身「常磐ハワイアンセンター」の頃から活動しています。1965年頃、常磐炭鉱の閉鎖を機に観光業へ転換しようと「常磐ハワイアンセンター」設立が模索される中、町の娘たちが一からフラダンスを習い、プロのフラガールへと成長していきました。

その実話は2006年の映画『フラガール』（李相日《リサンイル》監督、松雪泰子・蒼井優ら出演）にも描かれ有名になりました。今もフラダンスの学校を常設していて、日々フラガールを育てているので、本場ハワイに匹敵する水準を保っているのです。

日本人がハワイに憧れを持っていた昭和40年代の初めから、ハワイというテーマに絞り込み、本格的なショーをつくり上げたことは賞賛に値します。館内の飲食・物販はもちろん、いたるところでハワイを感じさせます。

特にハワイの土産物を取り揃えた本格的な物販施設は、ゲストに人気です。

つまりスパリゾートハワイアンズが支持されるポイントは、「ハワイ」というテーマを、さまざまな形で具体化してゲストに提供している点にあります。

これでもか！ 終日楽しめるサービス精神

スパリゾートハワイアンズでは、ゲストが終日楽しめるよう施設の充実に力を入れており、その背景には確固たる「サービス精神」があります。

園内にはこれでもかと回り切れないほどの水浴施設、飲食店、物販店、休憩施設などがあり、一日中すごせる仕組みがつくられています。

風や日差しを楽しみながら入れる屋外温泉プールや、水着で入る男女一緒の南欧風室内温泉もあります。加えて、裸で入浴する男女別の本格的な温泉「江戸情話 与一」などが充実しています。

そして何より、日本最大級の屋内プールがあるウォーターパークが素晴らしいのです（144ページ写真）。天井が非常に高く、採光のためのガラス窓もあるため、明るく開放感があります。ウォーターパークの天井は半透明で、青空が見えるとまでは言いませんが暖かな陽が差します。閉園してしまったワイルドブルーヨコハマが、建物の中から空が見えなかったのと比べると、陽が差し込むスパリゾートハワイアンズのドームは、ゲストにとって大きな心理的効果があるのです。

室温が28℃に保たれたウォーターパークで海水浴気分を味わったり、
併設の60年代のハワイの古きよき街並みの中でくつろいだりできる。

プールにはいわき湯本の温泉が使われ、大きなプールやウォータースライダーなどが充実しています。「アクアリウムプール」では、流れるプールに沿って熱帯魚が泳ぐ大きな水槽がつくられており、ゲストは魚を見ながら泳ぐことができます。

特筆すべきは、休憩できるスペースが充実していることです。プールサイド以外にも、遊び疲れた体を休めるところが何ヵ所も用意されていて、ソファーやたくさんの椅子が準備されている広いホール、畳の広間などで、ゲストはゆっくりとすごせます。

宿泊客に対しては夜も館内で楽しめるように、居酒屋やラーメン屋が夜遅くまで営業し、賑わっています。

スタッフの意識も高くサービス精神が満載なのです。宿泊・日帰りを問わず、ゲストから「スパリゾートは楽しい、また行きたい」という評価を受けています。

東日本大震災と新型コロナという苦境

地元に愛されるスパリゾートハワイアンズですが、２０１１年の東日本大震災ではやはり大きな被害を受けました。ウォーターパークの天井のガラスが落ちてしまったのです。

その被害が痛手となり、半年近い休業を余儀なくされました。フラガールたちは踊る場所を失いましたが、「フラガール全国きずなキャラバン」として、全国26都府県と韓国ソウル市の計１２５ヵ所でフラダンス公演を行いました。そして10月に部分オープンで営業を再開、翌12年2月8日、全館での営業再開を果たします。

11年度の来園者数は37万人に激減してしまいますが、12年度は１４０万人、13年度には震災前と同レベルの１５０万人にまでV字回復を達成しました。

しかしそうやって盛り返したところに、20年にはコロナ禍が襲い、再び大打撃を受けてしまいました。

それでもスパリゾートハワイアンズはたくましく復活を遂げつつあります。23年度の来園者数は126万人となり、運営会社の常磐興産の観光部門は過去最高の収益を達成しています。私も24年の夏、平日に宿泊しようとしましたが、予約がいっぱいでとれなかったほどでした。酷暑ということで、ファミリー層も海水浴より熱中症のリスクの少ない、安全な屋内プールのスパに押し寄せたのでしょう。

派手さはなくとも地元から浮くことなくしっかりと根を下ろし、地元のゲストの目線を持っているからこそ、どんな苦境に陥ってもリピーターが戻ってきてくれるのです。

そして24年9月、常磐興産はアメリカの投資ファンド「フォートレス・インベストメント・グループ」からの買収提案に賛同しました。スパは外国人観光客、特にアジア系にウケるコンテンツです。プール、温泉、スパ、ハワイアンショーと、3拍子どころか4拍子揃っているスパリゾートハワイアンズが、さらに多くの人から愛されるパークへと飛躍してほしいと願っています。

「定住圏」の顧客で利用率を上げる

テーマパークや遊園地というのは、基本は車で片道1時間半から2時間以内で行ける「定住圏」からのゲストで成り立っていて、その割合は7割から8割を占めています。遠くからわざわざ旅行で来る人は、実は非常に少ないのです。

全国区と言われる東京ディズニーランド、ディズニーシーでさえ、関東圏から来る人が6割ほどを占めています。今はインバウンドの比率が高まっており、かつての5〜6％から、現在は12〜13％が海外客となっているので、関東圏以外の旅行客は3割弱となります。

これはテーマパークに限ったことではなく、**集客にかかわるビジネスの根幹は「地元に密着し愛される」ことが出発点**です。まずは足元を固めるべきで、これなしに次のことは考えられません。どうしたら地元の人たちから支持され、リピーターになってもらえるのか。それには、運営側がしっかり地元に目を向けていることを、地元に示す必要があります。

そのためには地元の人たちに対して、自分たちがやっていることをチラシやSNSなどでくり返し発信すべきです。このとき、チラシの場合は地元用のものとそれ以外のもの、2種類をつくるのです。

とはいえ、地元だからといって安易に割引策を連発するのではなく、リピーターに対してポイントを付与したり、回数券をつくったり、あるいはパークの商品を「ポイ活」や抽選で提供したりすることなどを考えましょう。アイデアはいくらでも出てくるはずで、問題は運営側が地元に対してどれだけの熱量を振り向けられるかということです。

例外的にテーマパークには、「観光立地型」もあります。かつての「長崎オランダ村」のように、長崎とオランダという歴史的背景を活かしつつ、当該地の自然景観を巧みに取り込んだオランダの港の景観をつくり上げ、周遊する観光客を取り込んで成功した例があります。ただし観光地という立地性、存在の納得性、内容の充実という点がしっかりしている必要があります。そうでないと、バブル期前後に日本全国につくられた「外国村」型のテーマパークの多くが閉園していったときの二の舞となります。

2 ゲストをかたまりでなく、「個」として向き合う

儲け後回し戦略のザッポスをAmazonがなぜ買収？

第2章で、ゲストひとりひとりに喜んでもらうために必要なことのひとつとして、「ゲストが困ったときに、ゲストとしっかり向き合う」ことを挙げました。

ゲストひとりひとりの「個」と真摯に向き合うことで、ゲストに感動をもたらし、リピーターを生んでいる例として、アメリカの靴の通信販売会社「ザッポス（Zappos）」を紹介し

ます。

ザッポスは顧客ひとりひとりに親身に向き合い、「ワオ!(Wow:感動の意味)」を提供する会社として、世界から注目されてきた企業です。この会社の経営手法は、『ザッポスの奇跡』(石塚しのぶ、廣済堂出版)など、何冊もの書籍で紹介されてきました。

ザッポスは1999年に創業しました。当時、靴は試し履きをしなければ足に合ったサイズのものを買えないから、通販には向いていないと考えられていました。しかしザッポスは、「サイズが合わなかったら、何度でも送料無料で返品可能」とすることで通販を可能にしたのです。

さらには24時間対応のコンタクトセンターを設置し、商品の問い合わせや苦情を受け付けます。ここの最大の特徴は、とにかくお客様に寄り添い、時間もコストも度外視で、お客様のあらゆる要望に応えることです。

たとえばお客様の欲しい靴の在庫がザッポスになければ、在庫がある他社のWEBサイトを紹介します。さらに靴に関すること以外でも、「娘がこんなことで困ってるんです」と世間話をしただけで、「じゃあうちから送りますよ」と靴以外の商品でも入手して送ります。話し相手にもなって、お客様をときに励まし、ときにはともに泣くというのです。

こうしたコンタクトセンターのサービスは、「PEC：パーソナルエモーショナルコネクション」と呼ばれ、ゲストに対し友達のように親身になろうという会社の方針で行われています。

台湾系アメリカ人の創業者CEOだったトニー・シェイ氏は、商品の無料交換など、顧客を幸せにするために必要なコストはすべて、投資へのリターンと考えればそれは微々たる金額だと話していました。とにかくいちばん大事なのはゲストに感動を届けること、売り物は靴ではなく感動なんだ、そしてそれによってザッポスのファンを育てようというのです。

またザッポスは、ゲストに対して最上のサービスを提供するには、まずそれを行うスタッフがよい文化・環境の中にいなければいけないと考えています。そのために多くの施策を行っており、たとえば新入社員は初出勤日に会社の入り口で社員全員から大歓迎を受けたり、従業員同士でバースデーパーティを開きあったり、プレゼントを贈りあったりと、とにかく規格外の経営をしています。

同じ通販会社のＡｍａｚｏｎも、ザッポスのコンタクトセンターにはかなわない、これは完全に新しい価値を持っているとして、２００９年に約８億８７９０万ドル（当時約８３０億円、株式交換方式によるため、買収合意時点でのＡｍａｚｏｎ株価に基づく）でザッポスを買い取りました。この当時のザッポスの売上高は10億ドル（08年）で、ちなみにＡｍａｚｏｎは１９２億ドルでした。

急成長していた最中でしたが、自らＡｍａｚｏｎ傘下に入ることを決断したザッポスは、傘下に入ってからもまったく独立した経営を行っています。Ａｍａｚｏｎがハイテクを駆使し、時間とコストをどれだけ抑えるかを考えている一方で、ザッポスはこれと真逆のことを今も推進しているのです。

ザッポスの考え方は、ディズニーのテーマパーク事業の「人」に対する考え方と非常に似ています。

ディズニーのパークも、ゲストに聞かれたことには「知りません」と言わず何でも対応するのが基本です。決まった接客マニュアルはつくられていませんが、自然体でゲストと向き合い手助けをするということをキャスト訓練で徹底しています。つまり決まりきった言葉ではなく、ゲストと親身に接し、ゲストの助けになることをキャスト自らが考えることをよしとして、臨機応変のアドリブが推奨されているのです。

このようにゲストに対し、集合体ではなくひとりひとりの「個」として向き合い、ゲストの目線を持つというのは、言葉ではいくらでも言えるものの、組織において徹底するのは難しいことです。それでも、時間や価格以外の部分で勝負するサービス業ならば、ディズニーやザッポスのような対応をすべきだと私は思います。

サービス業はいいか悪いかの二択

「ちょうどよいというサービスはない。よいサービスか、悪いサービスか、ふたつにひとつである」

というのは、私がもっとも尊敬するサービスの神様、田邊英蔵さん（後楽園スタヂアム〔現・東京ドーム〕元副社長）の言葉です。

人間の感性に訴える「価値提供ビジネス」においては、いいか悪いかのふたつしかないので、個人ひとりひとりに向き合い、こだわりのある本格的なサービスを心を込めて提供するしかないという王道を説いています。

さらに田邊さんは、**サービスの基本は「する側」と「受ける側」の1対1の勝負**だとも言っています。なかなか奥の深い言葉です。

伊豆のある老舗高級旅館で、あまりの心遣いに感動したことがあります。日米合弁会社が発足したばかりの頃、アメリカ側パートナー会社ライド・アンド・ショーのトップが日本に出張してきたので、彼を連れて行ったときのことです。

噂に聞いていたこの旅館は、歌舞伎風の舞台演出、星空の下での露天風呂、食事のときの仲居さんとの気の利いた会話とすべてが快適で、これぞ老舗高級旅館だと納得しました。彼も上機嫌で、こちらも気をよくしてついつい日本酒が進んだものです。

翌朝起きてみると部屋の隅に、前日食事の前に脱ぎ捨てていた靴下が、洗ってきれいに畳んでありました。いつの間に？　と驚きました。仲居さんに確認すると、「時間のあるときにやっておきました」と控えめな一言がかえってきました。この予想外の気配りに感動したのです。

田邊さんの言葉には、「ホテルは部屋（合理性）を売り、旅館は合理性から離れた祭りの時間を売る」というものもあります。

ゲストの靴下を洗っておくということは、確かに経済合理性とは程遠いおもてなしです。こうした高級旅館は、ゲストとの間合いを常にはかりながら、あえてさりげないお節介をするのです。そうした日常にはない上質なやりとりや、ゲストの琴線に触れるちょっとした心遣いによって、ゲストに感動の記憶を残すのです。

目の前のゲストをよく観察して、ゲストの求める「普段にはない上質なサービス」を1対

１で提供する。これこそ、サービス業の究極と言えるでしょう。

テーマパークの場合には不特定多数のゲストを相手にしつつも、**サービスの相手はひとりの個人だということを基本としたスタッフ訓練をすること**が求められます。実際の現場では、ひとりのスタッフが一度に多くのゲストひとりひとりと向き合うことはできません。しかし、ひとりのゲストに対して簡潔ながら丁寧に心を込めて対応することが大事だということです。

そうしたスタッフの姿を、周りのたくさんのゲストが見て、心さわやかにすごすことができるのですから。

第5章

値下げは禁物、値上げしたら殺到

――「価値提供ビジネス」から見た価格と口コミ

1　価格に見るゲストの心理

値下げで失敗したハウステンボスが次にとった戦略

「価値提供ビジネス」と、「コスパ・タイパ」を優先するビジネスとでは、消費者の行動が違うと第2章で述べました。

それを身をもって証明したのが、九州最大のテーマパーク「ハウステンボス」です。

1992年にオープンしたハウステンボスは、90年代後半から経営が厳しい状態が続き、2003年には経営破綻にまでいたりました。その後の経営を引き継いだ投資会社が撤退したため2010年、澤田秀雄氏が会長を務める旅行会社のエイチ・アイ・エスの傘下に入りました。

ハウステンボスの社長になった澤田氏が集客増を目指してまず行ったのが、入場料の値下げでした。エイチ・アイ・エスの場合、格安航空券や低価格の旅行パッケージ商品が大ヒットして成長してきた会社ですから、値下げは当然の経営判断だったのでしょう。でもゲストは増えませんでした。そこで思い切って、17時以降の入場料を無料としましたが、それでもゲストはまったく増えなかったのです。

ここからが澤田氏のすごいところで、値下げ施策が効かないのならとすぐに方向転換をし、追加投資をしてハウステンボスの魅力を高めることに注力しました。それまでも人気だったイルミネーションを大幅に増強し、プロジェクション・マッピング演出を加えて「光の王国」として打ち出し、夜間の入場料を1000円にしたところ、集客は格段に増加していきました。

その後も追加投資を続け、入場料も上げ続けましたが、客の数は増え続けます。結果として、1年後には夜間の入場料は2800円になっていました。

なぜゲストは、どんどん値上げしても増えていったのでしょうか。

テーマパークに楽しい時間と感動を求めるゲストは、価格ではなく、まず「自分がテーマパークに求めること＝感動という価値」が達成できるかどうかを見極めて行動するからです。こうした「価値提供」を求めるゲストに対しては、生活必需品などにおけるコスパ重視の消費行動を踏まえた価格戦略は、まったく通用しません。

最初の値下げについて、ゲストは「施設やサービス内容の低下があって、そのために経営者は弱気になって値下げをしたのだろう。ハウステンボスの魅力が減少したのなら、ますます行く価値はないな」と捉えて、足を遠ざけたのです。

そして次に値上げがあったとき、テーマパークに楽しさと感動を求めるゲストは「値上げしたのなら、施設やサービス内容を強化し、ハウステンボスの魅力が向上したのだろう」と推測して、広告や広報内容などの情報を収集し、期待感を持ってハウステンボスに足を向けることになったのです。

18年連続の赤字がわずか1年で黒字転換

私はちょうどその当時、ハウステンボスでイベントやアトラクションを手掛けていた関係で、ハウステンボスの部長職の人と会う機会がありました。彼は「値下げがダメならとすぐさま方向転換ができる澤田さんは、ビジネスマンとして本当にすごい」と心底感心していました。

澤田氏はもともとベンチャー起業家ですから、価格や満足度といったエンターテインメントの集客の本質を素早く的確に捉え、経営判断も迅速に行うことができたのでしょう。こうした即断即決は、以前からハウステンボスで働いてきた社員たちにとって驚異的なものでした。

澤田氏はさらに、予算も厳守していました。たとえば5月第2日曜日の母の日が終わると、カーネーションだけでなく赤いバラの値段は市場で半値以下に下がります。それを狙って、その時期に「百万本の赤いバラ」と銘打った華やかなイベントを開催。それまでの数倍の規模のバラも予算内で賄い、ゲストに人気を博したのです。これには前述の部長も、「こんなことができるんだ！」と舌を巻いていました。

ハウステンボスは、エイチ・アイ・エス傘下に入った翌年には、18年連続の赤字から脱して営業黒字を達成しました。さらに2、3年も経つと、エイチ・アイ・エスの利益の3分の1を稼ぎ出すまでになったのです。私もテーマパークに携わる者として、この復活劇は本当に素晴らしいなと喜んだものです。

次々くり出される斬新なコンテンツ

「光の王国」の登場と同時期にハウステンボスにオープンしたのが、日本初であり世界最大級のホラータウン「スリラー・ファンタジー・ミュージアム」でした。ハウステンボスの一角が、合計4つのホラーアトラクションと、光と闇のショー（スリラーファンタジー）になったのです。「ヨーロッパの街並みとお花畑」が売りだったハウステンボスからは考えられないような斬新なリニューアルで、ハウステンボスの印象を一新しました。

前代未聞のホラータウンは評判となり、一気に集客が増加しました。夜間には、音楽にあわせて街中が光り輝くイルミネーションショー「スリラー・ファンタジー・ミュージアムイルミネーション」なども実施しました。私も当時鑑賞しましたが、素晴らしい出来でした。このホラータウンは、フジテレビがプロデュースし共同事業として参加したと聞いています。

また翌年にもフジテレビと組んで、人気マンガ・アニメの『ＯＮＥ ＰＩＥＣＥ』に登場する海賊船「サウザンドサニー号」を地元長崎の造船所でつくり、ハウステンボスを寄港地にして中を見学させるという企画を打ち、こちらも大人気でした。

澤田氏は、自分はレジャーエンターテインメントのプロではないからと、自身の人脈を利用してフジテレビとのタイアップを実現させ、ハウステンボスに次々と人気企画を誕生させたのです。澤田氏には、他者の力を活かす才能もあるのだなと思います。

新生ハウステンボスの「わかりやすさ」

澤田氏はハウステンボスを、年間100億円を稼ぐテーマパークへと育てました。そのポイントは、次々と投資をして、ゲストがハウステンボスに行きたくなるような「すごい」イベントやアトラクションを実現させたことです。

こう書くと、「澤田さんというすごい経営者のやることとは、規模が大きすぎて参考にならない」と思う人も多いことでしょう。

しかしこれは平たく言うと、次の3点のコンセプトで企画を常にくり出し実現させ、それによってゲストにリピートしてもらおうというものです。

①どこにも負けない「スケール感・すごさ」……東洋一／世界一／百万本のバラ。

②毎年スケールアップし話題を発信……世界一を目指すイルミネーション、夏の巨大仮設プール。

③誰もが知っている話題性を打ち出す……ONE PIECEのサウザンドサニー号。

この3点に共通するのは、**「発信性の高いアイデア」**だということです。こう書けば、「これなら自分にもできるかも」と感じるのではないでしょうか。

そしてこれこそまさに、「価値提供ビジネス」を目指す人が心がけるべき、アイデアの出し方の一例です。

たとえば「どこにも負けない『スケール感・すごさ』」の例として、ハウステンボスはイベントのとき、「世界一のイルミネーション」「東洋一の花火」などと謳っています。「世界一」「東洋一」などとわかりやすい言葉がつけば、人は「どんなものだろう？」と興味を覚えるものです。

それはニッチなことでも可能で、「〇〇〇で世界一」など、アイデア次第で上手に企画化すればいいのです。ハウステンボスでは2013年に、「全国ご当地キャラ大集合！ in ハウステンボス」というイベントで141体の「ゆるキャラ」たちが5分間「ひげダンス」を踊り、ギネス世界一に認定される、といったニッチなイベントも行っています。

澤田氏は講演会などで、「ナンバーワンかオンリーワンのことをやればお客さんは集まるということが徐々にわかってきた」と話しています。人の興味をそそる、「ナンバーワン」や「オンリーワン」というシンプルなわかりやすさを企画として打ち出し、集客のフックとする点が、非常に上手な人なのです。

遊園地が嘆いた「無料券の入園者はもういらない」

感動を求める人々に対し、記憶に残る価値あるものを提供するのが「価値提供」ビジネスです。価値提供において消費者は、自らが「価値がある」と感じるものに対して、きちんと対価を払うものです。

一方で、かつて各地の遊園地では、閑散期の集客対策として入場チケットを新聞社に格安で卸し、新聞社側は販促サービスの一環として購読者や見込み客にそれを無料で配布する、という施策が頻繁に行われていました。

遊園地側としては、入場無料のゲストでも、来てくれさえすればアトラクションチケットや食事などでお金を使ってくれるだろうという期待をもって、こうした施策を行っていました。

しかしある時期から、各地の遊園地がこの施策を次々とやめていきました。驚いて遊園地の知人にその理由を聞いてみると、「実はね、松本さん。無料で来てもらっても、その人たちはお金を園内で全然使わないんですよ。それでいて不満を言って帰ることが多く、スタッフの士気も下がるので、あの施策はやめることにしたんです」と言います。

遊園地協会でもこの話が共有され、多くの遊園地が「無料チケット施策」を相次いでやめていったそうです。

「遊ぼう」という目的をもって有料チケットで遊園地に来る人は、自分のお金を払って行く以上、「思い切り楽しもう」「空いているアトラクションはどこだろう」と、一生懸命遊ぶものを探します。

ところが無料チケットで来る人は、「タダなら行ってもいいかな」という程度の軽い気持ちで来園していて、遊園地に対する関心も薄いのです。

もちろん、「行きたいな」と思っているところにたまたま無料チケットをもらえ、得した気分で存分に楽しむ人も中にはいますが、ほとんどの人は「もらったから行こうか」と時間をつぶしに行くだけで、本気で遊ぼうと思っていません。もともと期待もしていないから、斜に構えて「わざわざ来たのに、思ったより面白くないな」などと批判することにもなります。

「タダの怖さを知らない販促」は、結果的に何ひとつ実を結ぶことはないという例です。

消費者が認める高品質価格と夢充足価格

行動経済学では、高価格帯（プレステージ価格帯）の商品・サービスをふたつに分類しています。ひとつめは、よりよい機能を求める「高品質価格」で、代表例はトヨタの最高級ブランド車「Ｌｅｘｕｓ」です。安全や快適さ、高機能、高級感を提供しています。

そしてふたつめが、心の満足を求める「夢充足価格」で、その代表例はラグジュアリーブランドとしてバッグや財布などが日本でも大人気の「ルイ・ヴィトン」が挙げられます。ルイ・ヴィトンは、機能性も高いですが何よりも「唯一無二の夢」を売っていると言えます。

消費者は、ルイ・ヴィトンの高価格にはそれだけの価値が含まれていると考えて購入します。高価格こそが、商品の魅力をむしろ後押ししているのです。そして買った瞬間に喜びに包まれ、かつ所有しているという喜びはその後も継続するのです。

ルイ・ヴィトンやティファニーなどを持つ、高級ブランド世界最大手のフランス企業「モエヘネシー・ルイヴィトン（ＬＶＭＨ）」は、２０２３年の売上が約13兆７９１５億円、営業利益は約３兆６５７９億円でした。これは日本を代表する電機メーカー、パナソニックグループの売上の１・６倍であり、利益にいたっては９倍にも上ります。

日本はものづくりにおいては世界トップで、トヨタのように機能重視の「高品質価格」で勝負してきました。しかしルイ・ヴィトンにあたるような、国内外において「夢充足価格」で勝負できる世界的企業は、現在の日本にはありません。

これからの時代は、心を充足する価値あるものに向けたビジネス＝「価値提供ビジネス」が、より拡大していくでしょう。なぜなら今後の日本は少子高齢化の中、観光や娯楽産業をはじめ、世界にも発信できる魅力的なモノやコトの開拓が求められるからです。日本企業は「どうすれば感動を提供できるか」ということを掘り下げ、夢充足価格での勝負に打って出ていくことが必要になると思います。

ルイ・ヴィトンとは金額の桁が違うものの、各業種において「夢充足価格」で成り立っている企業はあります。

最近日本に次々に進出してくる外資系ホテルも、まさに該当します。ここ数年で見ても、高級外資系ホテルの室料は、軒並み10万円を超えています。そこでは従来のホテルにないラグジュアリーな部屋での宿泊体験を打ち出しています。確かに、ひとときでも夢のような感動体験ができるのであれば、それに価値を感じる多くの人が利用するでしょう。

ちなみに、24年にオープンした東京ディズニーシーの新エリアのホテル「ファンタジースプリングスホテル」も、大人ふたりで最安値の部屋で1泊6万円台、最高値なら30万円台となっています。

夢充足価格を打ち出す企業の戦略は、高価値で勝負し、その金額に見合う価値を消費者に与えるという、「価値提供ビジネス」の高次を目指したものになっています。

外資系ホテルでもテーマパークでも、果たして狙いどおりの感動体験をゲストに提供できるのか、注目したいところです。

ディズニーの日米価格差は2・5倍

日本のテーマパーク業界は、少し前まで「夢充足価格」としての価格帯を打ち出すことはできていませんでした。平成の長引く不況で、長年、値上げには慎重な姿勢とならざるを得なかったのです。

日本とアメリカのディズニーの1デーパスポート料金を比べればわかります。現在は日米ともに、曜日によって料金が変動するダイナミックプライシング制をとっているので平均での比較となりますが、アメリカのディズニーパークの1日券は平均で2万3000円、対する日本の1日券は平均9340円。約2・5倍もの価格差があるのです。

もちろん、アメリカがインフレーションで急速に物価が上がったことや、為替レートの問題もあります。ただ映画館の大人料金を比べてみると、アメリカは州によって差があるものの日本とほとんど変わらず、むしろ日本のほうが高いくらいなのです。

アメリカでは、「映画はどの映画館で見ても内容が同じだが、ディズニーパークはそこに行かないと体験できない唯一無二のものだから、高くて当然だ」という発想で料金設定がなされています。だからディズニーパークの1デーパスポートの料金は、映画の料金の約12倍なのです。しかし日本のパスポートは、映画の4・7倍に留まっています。

私が初めてアメリカのディズニーパークに行ったのは1989年で、1ドル127円から143円程度と、現在より円高の頃でした。83年にオープンした東京ディズニーランドと比べて「1・3倍くらいだな」という印象が残っています。現在の2・5倍もの価格差はなかったのです。

東京ディズニーリゾートの値上げの目的

その後の日本のバブル経済崩壊で、日本のテーマパーク業界は**「値上げをしたら人は来てくれない」**という**呪縛**にとりつかれてきました。そしてずっと「上げちゃいけない、上げちゃいけない」と、値段を上げるきっかけがないままここまで来てしまったのです。

でも実際には、東京ディズニーランドは料金を上げても人がたくさん来ていました。パーク内は常に満員で、２００１年には東京ディズニーシーもオープンしました。12年にディズニーシーに「トイ・ストーリー・マニア！」という新アトラクションがオープンしたときには、８時間20分待ちの行列ができるという、異常な状況だったのです。

ここまで人が殺到しているなら、ゲストの数を抑える意味でもすみやかに値上げを考えるべきでした。

さらに言えば東京ディズニーランドとディズニーシー（東京ディズニーリゾート）のパスポート料金が、日本国内でのテーマパーク料金の天井になるわけですから、東京ディズニーリゾートが値上げしてくれない以上、他のテーマパークや遊園地は当然値上げできませんでした。その結果として下が割を食ってしまい、思うような収入が得られない、それゆえに再投資も難しいという悪循環に陥ってしまいました。

日本のテーマパークや遊園地の料金は、現在も世界的に見てかなり低いものとなっています。

今、ようやく東京ディズニーリゾートは方向転換をしました。コロナ禍以降、入場には日時指定のチケットが必要になり、来園者数もピーク時の8割ほどになるよう制限しています。その分パスポート料金を上げ、顧客のゆとりを高める方向に舵を切った結果、史上空前の最高収益を生み出しています。

反面、複数人で来るファミリーの負担は増え、敷居は高くなるかもしれません。それでも長い目で見ると、パークの快適さを高めることは、ゲストに対して質の高い価値を提供することにつながります。日本のテーマパーク料金は、これから「質を重視する」という正しい方向に進むことを期待します。

2 思い知らされた「口コミの力」

「倉敷チボリ公園」が開園3年過ぎて来場者急減の理由

口コミの力は、ビジネスにおいては無視できないものです。「価値提供ビジネス」においては特に、口コミの影響力は絶大です。

ゲストのネガティブな反応（不満）は、ポジティブな反応（満足）よりも2倍以上のスピードで伝わると言われています。また別の調査では、ひとつの不満の声が聞こえてくる裏には、100もの同じような不満が隠れていると言います。

そのため運営者がとるべきは、**「よい反応は捨て置いても、悪い反応には機敏に具体的に対応する」**という行動です。

しかし現実には多くの経営者が、ゲストからのお褒めの言葉には大きく反応する一方、不満の声は聞きたがらず、対応を部下に任せがちです。

ネガティブな口コミの影響や、運営側の理解不足により、残念ながら閉園してしまったテーマパークの例があります。岡山県のJR倉敷駅前という好立地にあった「倉敷チボリ公園」です。

倉敷チボリ公園は、1997年7月にオープンしました。デンマークのチボリパークとのライセンス契約により、日本のチボリパークとしてスタートし、開業して3年間は計画の200万人を上回り、一時は300万人にも迫る勢いでした。その多くは倉敷を訪れる観光客で、全体の70%を超えていました。

しかし3年を過ぎる頃から、「異空間体験」に期待して来園したものの物足りないと観光客から指摘されるようになりました。「キレイではあるが、北欧デンマークをイメージするものは少ない」「驚くような圧倒的な景観もない」という厳しい評価が、口コミとして出回るようになったのです。

本家チボリパークは市民リピーター年間400万人

実はこれは当然のことでした。コペンハーゲンにある本家のチボリパークも、市の中心部にありますが、観光客よりも地域の人たちが日常的に訪れる市民公園という位置づけです。

ほとんどの人が年間パスを利用し、昼間は幼児連れのお母さんや高齢者たちがのんびりすごします。夕方パークに明かりが灯る頃になると、若者たちがアトラクションを楽しむデートスポットとなり、さらにファミリーなどたくさんの人が、パーク内に30軒もあるレストランへと食事にやってきて賑わいだすのです。市民によるこうした頻繁な利用で、集客が年間400万人に上るというわけです。

倉敷チボリ公園の場合、当時日本で流行していた外国村的なイメージで、観光客の集客をイメージしていたのでしょう。しかし本家チボリパークの市民公園という性格から考えても、そもそも観光客にアピールできる要素は少なかったのです。

観光客の失望感が口コミで広まっていった結果、開園から3年目以降の観光集客は急減しました。その後も減少の一途をたどり、2008年の閉園前には、初年度の20%という約40万人にまで落ち込みました。

倉敷駅を挟んで倉敷チボリ公園とは反対側にある倉敷美観地区は、江戸時代から残る白壁の蔵屋敷と洋風建築が調和した歴史のある街並みや、モネの「睡蓮」など数多くの名画を所有する大原美術館で知られています。こちらの観光集客は減少するどころか、コロナ禍を経ても年間300万人以上の観光客が訪れています。

ただし地元の人たちの倉敷チボリ公園の利用に関しては、開園直後と比べれば減少していたものの、当初の集客水準の60～70%を保っていました。つまりこのパークは結果として、観光客にとっては肩透かしなものであっても、地元の人たちにはデンマークの本家チボリパーク同様、一定の支持を得ていたというわけです。

チボリパークとチボリ公園の価値を正しく理解していなかったのは、このパークをデンマークから倉敷に導入することを考えた人たちのほうだったのです。

運営にあたって、倉敷チボリ公園を観光客向けではなく地元の人たち向けのものとして正しく捉え、適切なマーケティングをしていれば、閉園の憂き目に遭うこともなかったかもしれないと思うと残念です。

開業日に失敗か成功かが予測できる

不満を持つゲストは、大部分が黙って去っていきます。運営者にわざわざ不満を語ってくれる人は少ないでしょう。ゲストは運営者を見限って去っていくのですから。そして運営者の知らないところで、ネガティブな口コミを周囲に伝えます。

運営側は、黙って去っていくサイレントゲストの本音を知らなければ、対策を打つこともできません。

そのため「ゲストの声に耳を傾けよ」とよく言われますが、正しくは**「不満を持つゲストの本音を、目と耳を使って知るべき」**なのです。

テーマパークの場合、ゲストの本音を知るために必要なことは、次のとおりです。

① 出口から出てくるゲストの本音の声を聞く。
② パーク内をゲストのようなカジュアルな服装で歩きながら、ゲスト集団の声を聞く。
③ タクシー運転手の話を聞く。

アトラクションを終えたゲストは、出口付近で自然と声が出ます。「すごかったね！」「なんかよくわからなかったね」などです。ゲストの反応は、表情にもしっかり表れます。ゲスト同士明るくしゃべっているか、疲れた顔で押し黙って進んでいくか。そうした態度は、アトラクションに満足したのか、それともつまらなかったのか、ゲストの評価の表れです。

こうした会話に聞き耳を立てるほうは、当然ながらパークで目立たないような服装にしましょう。一般のゲストのようなカジュアルな服装にすべきで、制服はもってのほかです。そうして、何気なくゲストの横をゆっくりと歩いていくのです。

よくパークの制服を着た管理者ふうの人がパーク内を歩き、「いらっしゃいませ」とゲストに声をかけたり、写真を撮ってあげたりしていますが、これは興ざめの第一歩で、絶対にやってはいけないことです。

これは運営者の「自己満足」の罠に陥っているのです。ディズニーパーク内で、運営スタッフではない会社の制服を着た人を見かけたことは、私はありません。

長年テーマパークの仕事をしてきた私は、新規にオープンするパークはもちろん、新しいアトラクションやイベントが開催されたと聞くと真っ先に体験しに行きます。自分自身が体験することはもちろんですが、それと同時に利用したゲストのつぶやく声を聞き、顔を見るのです。ひたすらゲストのつぶやきに耳をそばだて、ゲストの顔を見続けることで、そのパークやアトラクションの成否を予測しています。

運営者こそ定期的にこれをやって、改善すべきは早急に改善するよう努力してほしいものです。

さらにゲストの本音を知るためにやってほしいのは、「タクシー運転手の話を聞く」ということです。ゲストは帰りの車の中で本音を漏らすからです。パーク最寄りのタクシー会社の運転手たちに集まってもらい、車の中でゲストが漏らしていた本音を教えてもらうといいでしょう。

実際にあるとき、私がパークの帰りにタクシーに乗って運転手と何気なく話をしていると、その運転手は私がパークの関係者でないことを確認したうえで「お客さん、この間パークから帰るファミリーを駅まで送ったとき、お父さんが『今日はつまらなかったね、もう二度とここには来ない』と言っていたんですよ。それを聞いて、私も悲しかったです」と教えてくれました。

ゲストが思わずタクシー運転手に聞こえるとわかっていても漏らすこうした本音は、運営のトップがしっかり受け止めなければいけません。そのためには、運転手からのヒアリングを行う機会を自ら進んでつくっていくことが必要です。

パークの運営者は、ゲストの本音を聞き分ける感受性を常に持ち、ゲストと同じ目線に立って、不満にどう対処するかを考えることが大事なのです。こうした点で、ハウステンボスを立て直した澤田社長の「本質を見抜く柔軟性」と「即断即決」は見事だったと思います。

運営者の感受性はテーマパークに限らず、サービス業全般にとても大事なことです。現場の運営にあたるスタッフひとりひとりも、自分の頭で考え、ゲストの気持ちを先取りできるかが勝負です。たとえば今は人気で急拡大しているリゾートホテルでも、頭で考えることが先行し現場の感受性が落ちると、ゲストの本音からはずれ「仏つくって魂入れず」となり、ゲストは黙って去っていくことになるでしょう。

「デロリアンで空を飛んだ！」と思った人の口コミ力

これが口コミの醍醐味だな、と心に残っている経験があります。

子どもと一緒にユニバーサル・スタジオ・ジャパンに行ってきたという近所の女性と話をしていたとき、彼女が真顔で「デロリアンに乗って、夜空を本当に飛び回ったのにはびっくりした」と言い出したのです。

デロリアンとは、映画『バック・トゥ・ザ・フューチャー』の中に出てくる自動車型のタイムマシンのことで、ユニバーサル・スタジオ・ジャパンではタイムスリップをするとき、空中を飛ぶイメージのライドになっていました。彼女は、映画名のついた「バック・トゥ・ザ・フューチャー・ザ・ライド」という人気アトラクション（２０１６年運営終了）を体験し、その感想を私に伝えたのでした。

このアトラクションでは、ゲストがデロリアンに乗り込むと突然真上に突き上げられ、ガレージの屋根を破って夜空に放り出され、デロリアンの下部の駆動装置が上下左右に動いて頭上の全天映像と同期します。そのためゲストはまるで空を飛んでいると錯覚するのです。もちろん、本当に空を飛びはしません。しかし彼女は純粋で粗探しをしないタイプで、本当に飛んでいると思っていました。

東京ディズニーシーで人気のアトラクション「ソアリン」も、「バック・トゥ・ザ・フューチャー・ザ・ライド」と似て、空を飛んで世界一周をするという浮遊感のあるアトラクションです。感性豊かな子どもたちなどは「飛んでる、飛んでる」と喜ぶものです。

この女性は、本気で「空を飛んだ」感覚にひたり、その経験を私に嬉しそうに話しました。だからおそらく、彼女はいろいろな人に熱心に話して回っていることでしょう。自分が嬉しかったことは話したいし、誰も傷つけるわけじゃない、素敵な話題ですから。するとそれを聞いた人は当然、掛け値なしに「そうか、じゃあ私も行ってみたいな」と思うでしょうし、そうした評判は自然と広がります。これこそが口コミの大きな効果というわけです。

最強の口コミとは、「体験した人が、面と向かって特定の人に話す」ことであり、これこそが相手にもっとも伝わる方法だと思います。顔が見えているから信用されるし、感動というものは、話し言葉がもっとも伝わりやすいからです。すると相手にも「行ってみようかな」「買ってみようかな」という思いが生まれやすいのです。

「価値提供ビジネス」の場合は特に、こうした「顔が見える」相手との対面での口コミが最強です。それなりの金額を支払うとなると、人は口コミの信憑性をより気にするからです。そのため不特定多数に向けたＳＮＳでの口コミの信用度は効果が薄く、相手のことを知っていればいるほど、口コミの効果が高まっていくと言えます。

「からだのひみつ大冒険」の口コミの記録的広がり

私が手掛けたイベントの中で、記録的な口コミの広がり方をしたものがありました。アメリカの科学館で人気のファミリー向け科学展示「からだの中の汚いもの（英文名：グロッソロジー）」を日本に招致し、大阪ATCホールで2011年に初開催したときのことです。展示のもととなる絵本『グロッソロジー』（シルビア・ブランゼイ）は、ひねりが利いていて当時アメリカで子どもたちに人気があり、その科学展示ということで、詳しい内容は言わなくても伝わるほどの知名度がありました。しかし『グロッソロジー』は、日本においてはまったくなじみがありませんでした。

そこでイベント名をどうするか――。「からだ・科学展示」では、堅いイメージが先行してしまいます。子どもも楽しめる科学展示ということを伝えるには、どうすればいいか。人はパッと聞いてわかりにくいものには反応しません。共同事業パートナーとともに1ヵ月ほど悩みに悩みましたが、「聞いた瞬間にわかる言葉、見た瞬間にわかるイメージ」を目指した結果、タイトルは「からだのひみつ大冒険」とし、展示室の入り口には巨大な子どもの人体をフワフワ素材でつくり、来場者はその大きな口から中に入ってもらうというアイデアに決定しました（181ページ写真）。

これなら「からだの中を冒険する」というイメージもすぐに伝わります。「巨大な子どものからだの中に口から入って行く」というビジュアルのわかりやすさにより、宣伝素材もつ

巨大な口から人体に入って行くゲストは、
食べ物が運ばれる経路に沿って体内散歩をし、最後はお尻から外に滑り出る。

くりやすいものとなりました。

結果は、ゲストにドンピシャで伝わりました。来場したゲストは巨大な人体の中に入っていくという導入部で大喜び、中に進んでアメリカ流のユーモアある「からだ展示」をしっかり楽しんでくれました。

くしゃみで異物を吹き飛ばすようすを再現した「くしゃみシューター」、おしっことして排出するものをより分ける「腎臓ゲーム」など、体から出る汚いものにも意味があることを、体験しながら理解するという内容の展示です。

このときは夏休みということもあり、母親と子どもという組み合わせのゲストが多く、「楽しくて奇想天外な面白さ」という口コミが母親層に広がり、連日うなぎのぼりにゲストが増えて記録的なヒットとなったのです。

イベント後半の期間の集客には、口コミの影響が大きいかどうかがかかわっています。前半にゲストが集中する人気キャラクターのイベントは別として、後半の集客が伸びることは、内容が評価され口コミ人気が出た結果だと言えます。逆に後半の集客がイマイチな場合は、内容が支持されなかったというわけです。

テレビCMより直接ターゲットへ宣伝した反響

大阪開催の後、2013年夏に千葉県の幕張メッセで同じく「からだのひみつ大冒険」を開催したときには、口コミに加えてある宣伝手法を使いました。

大型企画イベントとはいえ、首都圏でテレビCMを流せば広告費がふくらみすぎてしまいます。このときの事業パートナーは「テレビCMよりも、直接ターゲットに届くものが効果的」との考えを持っており、一抹の不安はあるもののテレビCMは原則やらないという選択をしました。

その代わり直接ターゲットに情報を届けるべく、地域を絞って小学校と幼稚園に割引チラシを配りました。これが抜群に効いたのです。

フタを開ければ、その割引チラシを持った親子連れがどんどん押し寄せました。チラシを見た子どもが親に「行きたい」とねだったり、あるいは親が「子どもに見せたい」と考えたりしたというわけです。

チラシの配布は、学校や園によって、あるいはチラシの内容によって、受け入れてくれない場合もありますが、子ども向けのイベントに関してターゲットの手に直接渡るため、配ってもらえれば抜群に効果があります。

アンケートをとってみても、学校・園のチラシがきっかけという人が50％に上り、口コミが20％の第2位でした。ファミリー向け雑誌や新聞などの広告は5〜6％程度、SNSがきっかけという人は5％未満でした。「子ども向けのイベントに関して、既存のメディアやSNSの効果は限定的」というのを痛感します。

なおこの数値は、他のファミリー向けイベントでも似たり寄ったりの結果となります。**「行ってみようかな」という動機づけには、SNSでは限界がある**のです。「行こうかな」と関心を持ってから、SNSで調べる、という順番になっています。

このときの「からだのひみつ大冒険」の口コミは、イベントの最初の頃に来場したお母さんと子どもから、すごい勢いで広がっていきました。次第に、母子が何組か連れ立ってグループで参加する姿も多く見かけました。ママ友間でこのイベントのポジティブな口コミが広まっていったからでしょう。

入場者がオープンの10時に集中し、「入場するまで1時間待たされた」という苦情がネットに多数書き込まれたときは、一時ゲストの数は減ってしまいました。しかしこのときは、開場時間を急遽30分繰り上げたり、ホームページで「午前は来場者が多いが、午後は比較的すいている」と告知をしたりなどと対策をし、次第に午前の混雑が緩和されたことで、ゲストの数は会期半ばから再び盛り返しました。

この盛り返しには、入場待ちの列の緩和が寄与したことは確かですが、やはり何より、お母さんたちのリアルな口コミの効果が上回ったのだと感じました。

集客のための宣伝は「シンプル」「わかりやすさ」「具体性」

宣伝に関して基本的に私は専門外ですが、求めに応じ意見はよく述べてきましたし、かかわったテーマパークやアトラクションの宣伝を多数見てきました。その経験から、**宣伝は「シンプル」「わかりやすさ」と「具体性」、この3つに尽きる**と実感しています。

宣伝では、「感動」までは伝えられず、商品やサービスを訴求するしかできないからです。脳は簡単に処理できるものを好むという大原則があり、基本的に宣伝では、見る人に「何だろう?」と考えさせてはいけないと言われています。

2024年に再選を果たしたアメリカのドナルド・トランプ大統領は、最初の大統領選で「国境に壁を立てる」と訴え、この言葉の力が彼を大統領にしたと言われています。訴えるものはひとつに限るというわけです。

テーマパークのCMやポスターなどを思い浮かべてみてください。たいていは、「ハロウィンイベント開催!」「新アトラクション〝○○〟オープン!」といったように、シンプルに具体的なひとつのことをわかりやすく伝えているはずです。宣伝はこれでいいのです。

それでもいまだに、失敗例は散見されます。内容をイメージで伝えようとする、つくり手側の独りよがりな発信です。

「冒険超大国、はじまる。」「世界でいちばん、ドキドキの国。」「終わらない夢の始まりだ」「あたらしい物語。ここから始まる。」などです。コピーライト的には一見すると素敵な雰囲気もありますが、何かを伝えるべき広告において、これらは結局何も言っていないのと同じことなのです。イメージばかりが並び、どこのテーマパークに流用しても使えそうなコピーライトであり、具体性が一切ありません。

一昔前、アメリカのドミノ・ピザの広告ですごく効果があったのが、「Man hungry, ding-dong pizza（腹が減ったらキンコンピザ）」というＣＭです。ものすごくわかりやすく韻を踏んだこのＣＭで、ドミノ・ピザは売上を伸ばしたのです。

第6章

「物語」は最強の武器

——主力は世界観を持った「ランド」開発に

「物語」はテーマパークの必須条件

「テーマパークに必要なものは何ですか？」と問われたら、私はまず『『世界観』と『物語』です」と答えます。

それでは、テーマパークと遊園地の違いは何でしょうか。「テーマを持つパークが、テーマパークでしょう？」と思われるかもしれませんが、それでは正解とは言えません。

個別のパークで見てみると、よみうりランド（東京都稲城市）やひらかたパーク（大阪府枚方市）は、遊園地のカテゴリーです。

東京ディズニーランドや東京ディズニーシー（いずれも千葉県浦安市）、ユニバーサル・スタジオ・ジャパン（大阪市此花区）は、パーク内に明確な複数のテーマを持ち、それに合わせた景観づくりをしています。ハウステンボス（長崎県佐世保市）も、オランダを中心とするしっかりとした景観がつくられているので、テーマパークと言えるでしょう。

つまりテーマパークの定義は、**「テーマに基づき徹底した世界観をつくっている」**ところなのです。それに対し遊園地は、テーマに基づく世界観というものはつくっておらず、乗り物を中心としたアトラクションによるパークづくりをしています。

人は本質的に「物語が好きなDNA」を持っている

人は本質的に物語が好きです。

なぜ好きなのかを、第3章でも紹介した「ユング心理学」をもとに読み解くと、人は心の底に祖先から受け継いだ物語の原型（普遍的無意識）を持っているからだと理解できます。

西洋人であれば、ギリシャ神話やケルト神話のような原型を持っています。日本人であれば日本神話に出てくるアマテラスオオミカミやスサノオノミコトなのかもしれません。

アメリカ人が愛してやまない『スター・ウォーズ』も、その下敷きは「英雄の旅立ち」という神話の原型に根差しているのです。

この普遍的無意識は、「物語の再現」という外部からの刺激に反応し共鳴します。そうすることで、人は心を揺さぶられるのです。

古い民話や昔話、童話も、物語の原型に近いものがあるために、多くの人に受け入れられやすいのでしょう。

ウォルト・ディズニーは、この**「人は物語の原型に反応しやすい」**ということを、直感的に理解していたのかもしれません。ウォルトが長編映画の1作目とした『白雪姫』は、もとはドイツの民話で、グリム童話に収載されていた物語でした。『シンデレラ』は、世界中にそのバリエーションとなる民間伝承が伝わっている物語で、17世紀に活躍したシャルル・ペローの童話やグリム童話でよく知られています。

『ふしぎの国のアリス』は、1865年に刊行されたルイス・キャロルの児童小説を基にし、『くまのプーさん』は、1926年と28年に発表されたA・A・ミルンの児童小説が基になっています。

ミッキーマウスやリロ＆スティッチなど、オリジナルでつくった映画もありますが、ディズニーは昔から世の中に知られている物語を数多く映画化・キャラクター化しています。

民話や昔話、童話、古い物語が下敷きにあるからこそ、ディズニーパークはディズニー映画をあまり見ていない人でも、物語の世界観に入り込みやすいと言えます。

宇宙のテーマはウケないと証明したスペースワールド

私はテーマパークの「世界観」として通用するのは、**「過去への郷愁」**、あるいは**「憧れや冒険としてのファンタジー」**だと考えています。

1990年にオープンした「スペースワールド」（北九州市）は、その名のとおり「宇宙」をテーマにつくり込んでいました。しかしこれは残念ながら失敗でした。宇宙は人間にとって未知で深遠であり、興味をひくものではありますが、経験したことのない世界であり、そこには郷愁もファンタジーもないからです。

つまり、宇宙というテーマは科学であり現在の延長なので、ゲストはそこに心をときめかせることができないのです。そのためアメリカのテーマパーク業界では、宇宙をテーマパークで扱うことはとても難しいと考えられています。

東京ディズニーランドには「トゥモローランド」という宇宙的な世界観のエリアがありますが、あれは『スター・ウォーズ』や『トイ・ストーリー』など、ファンタジーを下敷きにたくさんの物語を取り込んだ結果としての世界観なのです。

一方のスペースワールドは、NASA（アメリカ航空宇宙局）と提携し、スペースシャトル「ディスカバリー号」の実物大モデルを置いたり、NASAの宇宙飛行士訓練センターの一部や月の石を展示したりしていました。これは郷愁でもファンタジーでもなく、まさしく「現実科学そのもの」でした。スペースワールドを企画した人は、「テーマパークに現実世界の宇宙は向かない」ということを残念ながら知らなかったのでしょう。

スペースワールドはその後、ライドアトラクション中心の「遊園地」へとすばやく方針転換することで成功し、2017年末に閉園するまで、地元の人々に支持されました。

「ハリー・ポッターランド」がもたらしたランドブーム

ファンタジーの世界観を見事に再現した最高峰は、日本のユニバーサル・スタジオ・ジャパンでもおなじみの「ウィザーディング・ワールド・オブ・ハリー・ポッター」です（以下本書では、ハリー・ポッターランドと略す）。

2010年、フロリダのユニバーサル・アイランズ・オブ・アドベンチャー（IOA）にオープンしたハリー・ポッターランドを見たとき、世界中のテーマパークを見慣れている私にもその衝撃はすさまじいもので、ハリー・ポッターの世界に一気に放り込まれました（193ページ写真）。

目の前にそびえたつホグワーツ城は、映画で見たそれよりも何倍も大きく見え「映画よりもすごい！」と思ったものです。その先に行くと、屋根に雪をかぶったホグズミード村が出現します。ハリー・ポッターというひとつの物語だけで、これほど広がりのある大きなランドを構成しているケースは初めてで、まさに「今自分はハリー・ポッターの世界にいる」と実感しました。

ホグワーツ城が眼前にそびえたつ。
ここは、映画の舞台を再現しているだけでなく、アトラクションも楽しめる。

驚いたのは私だけではなく、全米が驚いていました。ハリー・ポッターランドが初めて登場したこの年、フロリダのユニバーサル・アイランズ・オブ・アドベンチャーの集客は前年比36％増という空前の数値を記録しました。それまでディズニーランドが、パークの増強投資により集客増の最大を記録したのは、67年のアトラクション「カリブの海賊」による17・9％ですから、36％増は途轍もない記録です。

その結果として、このハリー・ポッターランドの登場以降、アメリカのテーマパークは「ランド開発競争」へと突入していくことになります。従来の新アトラクションを開発するレベルから、アトラクションやレストラン、まわりの景観までを含めた物語の世界（ランドまたはワールド）を、大規模に再現する形がブームになったのです。

ハリー・ポッターランドの登場によって、ゲストはより長い時間その世界観に浸りきることで、より大きな感動を得られることがわかりました。「ランド」は、ゲストをより惹きつける磁石の役割を果たすということが証明されたのです。

ウォルト・ディズニーはディズニーランドをつくるときに、「ゲストはゲートをくぐった瞬間、物語の世界に入って行く」ことを目標としていました。パーク全体が物語の再現という発想です。「ランド」開発も、これにつながるものです。

ハリー・ポッターランドに対抗して、ディズニーも大型のランド開発を進めました。2012年「カーズランド」をディズニー・カリフォルニア・アドベンチャー・パーク内に、17年「パンドラ：ザ・ワールド・オブ・アバター（アバターランド）」をフロリダのディズニー・アニマルキングダム内にオープンしています。

そして満を持して19年、カリフォルニアのディズニーランド・パークに、続いてフロリダのディズニー・ハリウッド・スタジオに「スター・ウォーズ：ギャラクシーズ・エッジ（スター・ウォーズランド）」を開業しました。ここではアメリカ人の大好きなスター・ウォーズの世界が、完璧なまでに見事に再現されています。

こうしたディズニーの動きに対して、当然ながらユニバーサルも手を緩めず、フロリダに保有するもうひとつのユニバーサルパーク（スタジオ）にハリー・ポッターランドの第2ランドをオープンしました。さらに、25年5月にはフロリダに3つめのパーク「ユニバーサル・エピック・ユニバース」を開業し、その中にはハリー・ポッターランドの第3ランド（魔法省）をオープンするというように、とどまるところを知りません。まさに「ランド開発競争」です。

日本でも、ユニバーサル・スタジオ・ジャパンが14年に「ウィザーディング・ワールド・オブ・ハリー・ポッター」を、21年に「スーパー・ニンテンドー・ワールド」をオープンしました。

東京ディズニーシーで24年にオープンした「ファンタジースプリングス」では、『アナと雪の女王』『塔の上のラプンツェル』『ピーター・パン』の世界を再現したランドです。

「スパイダーマン」でユニバーサル・スタジオ・ジャパンは復活

2001年にハリウッド映画をテーマとして開業したユニバーサル・スタジオ・ジャパン

は、今でこそ大人気ですが、開業初年度の1102万人をピークに来園者数が毎年右肩下がりで減少し、10年には750万人近くになるという大変な状況に陥っていました。

その原因はさまざまに分析されていますが、開業後すぐの頃は、「ハリウッド映画」の物語の世界観に入り込めるゲストが日本では少なかったことも一因ではないかと思います。

誰もが知る童話や物語を下敷きにしてきて日本でも受け入れられやすかったディズニーランドとは対照的で、当時のユニバーサル・スタジオ・ジャパンは、「ハリウッド映画好き」の人しか楽しめない世界観になっていたというわけです。

それを打ち破る第一歩となったのが、04年にオープンしたアトラクション「アメージング・アドベンチャー・オブ・スパイダーマン・ザ・ライド」でした。スパイダーマンは1962年にアメコミに登場したヒーローで、02年にハリウッドで実写映画化されています。

私はこのアトラクションが日本に導入される前に、アメリカのユニバーサル・スタジオで体験しました。このときの感想は「まさに仰天もののすごいアトラクションができたな！これは世界最強だ！」と衝撃を受けました。スピード感や、アメコミのバーチャルな世界に放り込まれた感じが、それまでのユニバーサル・スタジオのアトラクションにはないものでした。これが日本に導入されたら大人気間違いなしだと思ったものです。

その上スパイダーマンは、アメコミヒーローの中でも日本の若者たちから特に人気がありました。予想どおり、ユニバーサル・スタジオ・ジャパンにスパイダーマンのアトラクションが導入されると、大変な評判となりました。これ以降、若者を中心にユニバーサル・スタジオ・ジャパンの評価が徐々に上向き、後の反転攻勢の足掛かりとなりました。

そして12年、それまで小さな子ども向けのアトラクションが少なかったユニバーサル・スタジオ・ジャパンに「ユニバーサル・ワンダーランド」がつくられ、以前からいたスヌーピーに加えてセサミストリートやハローキティなど、キャラクターを前面に出したエリアが登場しました。これが大当たりし、ファミリー層の集客を大幅に伸ばしました。

ただやはり復活の大きな決め手は、14年に日本でもオープンした「ウィザーディング・ワールド・オブ・ハリー・ポッター」です。映画の世界が目の前に現れたような光景に、多くの人が目を奪われ、大興奮したのです。

「不思議の国のアリス」は版権フリーの最強の物語

私は以前、志摩スペイン村に「魔法体験アトラクション　不思議の国のアリス」というゲスト歩行型アトラクションをつくりました。計画時には、「ゲスト歩行型アトラクションはホラーハウスと宝探し以外は成功しない」というそれまでの業界の通説を覆す、斬新なものにしたいと考えていました。

そこで「ゲストの誰もがどこかで見聞きした物語」という素材が必須と考え、不思議の国のアリスをテーマに選びました。人は刷り込みのあるものに反応しやすいので、見たことや聞いたことがあるという「既視感」が大事になります。その点、「不思議の国のアリス」の物語は何らかの形で多くの人の目に触れている可能性があり、ゲストの「無意識」を刺激することができると考えました。

しかしクライアントにプランを提案すると、「ディズニーの権利侵害となるのでは」と心配されてしまいました。実際は、「不思議の国のアリス」は160年前にイギリス人のルイス・キャロルによって書かれた物語なので、物語自体には版権の縛りはなく、誰でも使用できます。だからこそディズニーも、「ふしぎの国のアリス」のアニメーション映画を製作することができたわけです。

もちろんディズニーアニメのキャラクターデザインにはディズニーの版権があり、勝手に使用することはできません。一方、ルイス・キャロルの原作物語に登場するキャラクターは、自由に使用できます。

そうはいっても、ゲストの多くはディズニーアニメのキャラクターのイメージが刷り込まれているので、志摩スペイン村にアリスのアトラクションをつくるときには、ディズニーアニメの世界とは違う世界観を演出する必要がありました。そこでこの物語の「不思議性」を際立たせ、アリスと一緒に不思議を体験してもらうことにしました。

具体的には、ゲストは赤外線発信機を仕込んだ「魔法の杖」を持って、数々の不思議を体験しながら「物語のその後のアリス」を探しに行くというものです。杖でランプの灯を点灯させたり、枝の上のチェシャ猫を消したり、トランプ城内でゴーストと戦ったりと、ゲストが参加できる内容としました。参加といっても、ゲストは杖を振るだけの簡単な動作で楽しむことができたので、結果は大成功でした。

ゲームの世界観を乗り越えた「ドラゴンクエスト アイランド」

兵庫県淡路市の「ニジゲンノモリ」というテーマパークに誕生した「ドラゴンクエスト アイランド」というアトラクションの制作では、中核となるゲームの制作はライセンサーが行い、それ以外はドリームスタジオが制作しました。言わずもがなですが、ドラゴンクエスト（ドラクエ）とは日本でもっとも有名なＲＰＧ（ロールプレイングゲーム）で、主人公が勇者として成長し、魔王を倒す冒険物語です。キャラクターデザインは鳥山明さんで、テーマ曲が21年の東京オリンピックの開会式でも使われました。

アトラクションづくりのポイントは、ドラクエという2次元のゲームの物語と壮大な世界観を、実物としての「3次元の制作物」にどうやって落とし込むかということです。

このアトラクションは屋内型ではなく、屋外の広い敷地をゲストが物語の主人公となって自分の足で歩き、町や神殿、モンスターの森、魔王城などを冒険していくものです。その途中でゲストはさまざまな体験を重ねながら、最後のクライマックスに向かっていきます。

ドラゴンクエストのゲームの世界観を知り尽くしたゲストが、このアトラクションでつくられたものを見て失望することは、絶対にあってはならないことです。

どうしたらよいか？　デザイナーとプランナーが頭を悩ませました。出した答えは、「ゲストがそれを見たときの最初の印象、見た目のインパクトを最大にする」。

そのために、魔王城と神殿という主要な建物は、横に広がった建物の正面から見せることとし、その正面の装飾に注力しました。次にこれとは対照的に、町では小さな家を並べて町として生活感のある景観をつくり、物語に沿った細かいつくり込みを行いました。またモンスターの森では、緑の中にキャラクターのフィギュアを点在させるようにしました。この場所は谷に沿った傾斜地だったので、ゲストは上ったり下りたりすることで、冒険の旅らしい動きの変化が自然に生まれました。通常のアトラクションでは傾斜地は困りものですが、このケースでは幸いしました。

制作段階で特に苦労したのが、屋外の敷地内に点在して設置した電子機器類の管理でした。ゲストはRPGを行うために、ICタグの入った「冒険者のしるし」を持ち歩きます。それを読み込む筐体《きょうたい》機器「スライムの紋章」を、屋外の岩や台の中などに仕込んでいるのですが、暑い夏は屋外の気温が40度近くになり、暑さに弱い機器には対策が必要でした。また高湿度による結露対策など、屋外であるが故の悩みはつきませんでした。メーカー側と試行錯誤し、最終的には筐体の中に強力な冷却器を設置することで問題を解決しました。

テーマパークは「ホップ・ステップ・ジャンプの法則」

行動経済学に「ピーク・エンドの法則」があります。これは映画をイメージするとわかりやすいのですが、人は感情がもっとも高まった「ピーク」のときと、最後「エンド」の印象がよければ、全体をよいと感じるという法則です。

ただこれは、映画のように2時間ほど、あるいはプレゼンテーションや会議のような短時間のものに通じる手法だと思います。

映画は、2時間前後の中で起承転結による緩急をつけながら、「この先どうなるのか」という期待（ドキドキ感）をゲストに植えつけていきます。そして最後には、それまでの出来事に対する答え（オチ）が準備されていて、その答えにゲストが納得するかどうかが勝負になります。このエンディングのオチの部分で、ゲストの感情に訴える内容が盛り込まれていれば、納得を超えて感動を生み出すことができます。

たとえば、国内映画市場最高の興行収入400億円を記録した『鬼滅の刃　無限列車編』の大成功の秘密はエンディングにあると思います。ストーリー展開の中で、映画の要となった煉獄杏寿郎《れんごくきょうじゅろう》の「強さと優しさ」が描かれながら、彼は上弦の鬼という敵との壮絶な戦いの果てに、相手に深手を与えながらも死んでいきます。この煉獄杏寿郎の死ぬ間際の潔さと、残る者たちへの思いが観客に伝わり、感動を呼びました。

もちろん、『鬼滅の刃』という大ヒットマンガ・アニメの映画化という基本要因はありますが、やはりこのエンディングの見事さが空前の大ヒットを生み出したと言えるでしょう。

ただテーマパークというのは、一日もしくは半日など、長時間滞在する場所です。またゲストはパーク内でそれぞれ自由に動くため、映画とは違ってそれぞれ異なる体験をすることになります。そのため映画のように「ピーク・エンドの法則」を使うことはできません。

そこで大事になるのが、**「最初の感動」と「感動の減衰を防ぐ、変化と連続性」**です。**私は三段跳びの「ホップ・ステップ・ジャンプ」と表現しています。**

成功するテーマパークは感動が継続する

「最初の感動」＝「ホップ」は、心理学でいう「初頭効果」です。人は最初の印象を大きく受けやすいということです。

テーマパークのケースでは、ゲートをくぐったところに別世界が現れるという驚きがあり、それが強ければ強いほどゲストの心に与える影響は大きいものです。これによりゲストの心は開かれ、その後の展開を受容しやすくなります。

成功するテーマパークは、例外なくここに力を入れています。

東京ディズニーランドを例にとると、ゲストは最初に目にするワールドバザール（アメリカなら「メインストリートＵＳＡ」）で気持ちが高揚し、それから先の物語の世界にゲストは難なく溶け込んでいきます。

ただし人の驚きによる感動は、その感動の深さにもよりますが、多くは時間とともに減衰していきます。ひとつの感動が継続するのは、長くて1時間ほどだと考えられます。また、場所を移動することでも、感動は減衰してしまうといいます。

そのために**「感動の減衰を防ぐ、変化と連続性」が必要**になります。まるで三段跳びの「ホップ・ステップ・ジャンプ」のように、変化による感動をくり返していくことで、感動を高みへと昇らせていくのです。成功している大型のテーマパークには、少なくとも5～6の異なるエリア（あるいはランド）があり、それぞれ変化のある世界を提供しています。

足の裏の感触をエリアごとに変えるディズニーランド

「変化のあるエリア」のつくり方が上手なのが、やはりディズニーランドです。

ウォルト・ディズニーの信念は、「ディズニーランドに来たゲストには、物語の中に入って主人公になってもらう」というものでした。

そのために、パークでは各エリア（ランド）ごとに、景観、建物、キャストのコスチューム、音楽など環境のすべてを、物語を知ってもらうために統一しています。

東京ディズニーランドなら、トゥモローランドは子ども心に憧れた『スター・ウォーズ』などのSFファンタジー、ウエスタンランドは過去への郷愁漂うアメリカの開拓時代をテーマにしていて木を多用した西部劇の雰囲気、といった世界観をつくっているのです。ランドから次のランドへ移れば、世界観もまるっきり違います。そのためランドとランドをつなぐ手法として、映画制作で使われる「フェードイン」「フェードアウト」という手法を使い、ゲストが違和感なく次の世界に溶け込めるようにしています。

あるランドから別のランドに行くとき、その間に橋やゲートがつくられているケースも多いですが、足元の地面の舗装を変える工夫もしています。シンデレラ城周辺なら石畳ですし、ミッキーの家などがあり子どもに人気の「トゥーンタウン」は、ふわふわとした歩き心地の舗装になっています。足の裏からも、ランドの変化を感じとることができるのです。

ディズニーランドでは各ランドの世界観の違いを、五感を存分に使って味わえるように工夫されています。

リアルな感動はアナログにあり

ここで大事なことは「デジタルに走りすぎてはいけない、リアルな感動はアナログでしか得られない」ということです。

あるときネットニュースで、東京ディズニーリゾートを批判する論調の記事が載っていました。論点はふたつあり、ひとつは「ディズニー・プレミアアクセス」という、有料でアトラクションの待ち時間を短縮する制度は、ディズニーの金儲け主義だということ。

もうひとつは、アトラクションのスタンバイパス予約、待ち時間の確認、ショーのエントリー受付、レストラン優先案内の受付や軽食のモバイルオーダー、お土産の事後購入まで、何でもかんでもすべてを「東京ディズニーリゾート・アプリ」で行わせようとするのは面倒だということでした。

ひとつめのディズニー・プレミアアクセスは、ゲストそれぞれの事情はあるでしょうが、選択肢としてはありだと思います。本来はパーク入場者数を一定に抑え、ゲストにはパーク内でできるだけ快適に体験してもらうのが理想で、そのためには入場料値上げも必要であり、過渡的にはやむなしと私は考えています。

しかしふたつめの、何もかもにスマホアプリが必要になるようなやり方には、私は反対です。かつては無料で配布していた紙の地図やイベント案内のパンフレットもなくなり、何をするにもスマホでアプリを開かなければならず、今のパークでは多くの人が長時間スマホを眺めています。

ウォルト・ディズニーは「トンネルをくぐり不思議の国に入ったアリスのように、ゲストはゲートをくぐったら現実を忘れ魔法の世界に入って行く」と言っていたのに、スマホとにらめっこをしなければパークを楽しめない状況をつくるとは、ウォルトの掲げた理想からはずれているのではないでしょうか。

ビジネスに「物語の力」を活用する

この第6章では、「人は本質的に物語が好き」という前提のもと、テーマパークがゲストに感動をもたらすために、物語の力や世界観を活用していることを書きました。物語の力は、テーマパーク業界以外のビジネスにおいても、今非常に注目されています。

スタンフォード大学経営大学院のジェニファー・アーカー教授は、「ビジネスの多くの局面で、物語には有効性がある」と説きます。たとえばプレゼンテーションやスピーチをする際には、数値や時事を論理的に並べて語るよりも、内容を物語として伝えたほうがはるかに聞いた人の記憶に残る、という調査結果を示しています。

またアーカー教授は、新幹線の清掃会社である「JR東日本テクノハートTESSEI」が、東京駅で12分間待機する新幹線の車内をたったの7分間で完璧に清掃していることを知り、驚きをもって同社を取材しました。同社では清掃員の人々にやりがいをもって働いてもらうため、現場で働く清掃員の仕事がいかに大切かを伝える物語をつくり、役員が清掃員たちに語り続けていて、それが「完璧な清掃」を実現する原動力になっていました。

これに感銘を受けたアーカー教授は、JR東日本テクノハートTESSEIの取り組みを、自らのビジネススクールの必修科目の教材に用いています（『新幹線清掃会社も奇跡の再生　社員主役のストーリーの力』「スタンフォード大学経営大学院　アーカー教授に聞く（2）」NIKKEIリスキリング、2016年12月20日から要約）。

またその他にも、物語の力の重要性について、実業家の堀江貴文さんは著書『将来の夢なんか、いま叶えろ。』（実務教育出版）の中で、「いまの世の中は情報があふれすぎている。そんな中で人の興味を引き、仲間が集まり、大きなうねりをつくり出していくのは、ストーリーなのだ」「人の期待感を高めるようなストーリーを発信できる人が、これからは求められる」と述べています。

たとえば飲食業界などでも、ただ「美味しい」「安い」などを売りにするのではなく、素材の希少性や店主の思いなどを「物語」として発信することで、他店との差別化を図り、人気を得ることができることでしょう。

第7章

アイデアを生み出す原点

――レジェンドの仕事術

30年にわたってアメリカのプロから学んだこと

私はアメリカのクリエイターやエンジニアたちと、30年にわたり一緒に仕事をしてきました。ここまでに書いてきたように、彼らはそれぞれ個性的で、プロとしての素晴らしい仕事ぶりを見せてもらいました。アイデアを相談したり、具体的なプレゼンテーションに落とし込んだりする際、彼らの協力を得られたことはとても有益でした。

最初の日米合弁会社の合弁相手だったライド・アンド・ショーは、創設者であるふたりのパートナーがアメリカのディズニーパーク出身です。アメリカ企業との合弁会社という看板は、「錦の御旗」のように日本では効果的でした。ときには本場の国のプロをすぐに連れてくることができる点も、私たちの強みでした。実際大きな案件の場合には彼らを日本に呼び、ゴージャスなプレゼンテーションを行ったこともあります。

エンジニアリング会社という、テーマパークとはまったく関係のない分野の仕事をしてきた私が、結果的に30年にわたってテーマパーク業界で仕事を続けることができたのは、アメリカのクリエイターやエンジニアたちからの学びが大きかったからだと思います。

この学びについて、具体例を紹介します。

企画の最初はリサーチボードで思考を進める

アメリカのクリエイターの多くが企画を考えるとき、最初にやるのがリサーチボードの作成でした。

B1用紙くらいの大きなスチレンボードの上に、参考となる写真画などを貼っていくのです。画集などからテーマに合わせて集めた写真や、デザイン画、それから先行する類似施設の写真などを、スチレンボード2枚がいっぱいになるくらいにどんどん貼り込みます。

クリエイターはそのリサーチボードを横に置き、それを眺めながら思考を進めるのです。あるクリエイターは、「このリサーチボードは出発点。**クリエイティブな考えを進めるとき、無から有は生じない**ので、こうしたデータは貴重だよ」と教えてくれました。

私も彼らに教えてもらったように、社内で企画検討するときは担当者にまずこのリサーチボードをつくってもらい、ボードを見ながらみんなで議論を進めるようにしました。

このリサーチボードは企画を考えるときのみならず、クライアントへの提案の際のイメージボードとして使うこともでき、大きな力を発揮してくれました。

目に直接訴えるビジュアルは常に勝つ

テーマパーク業界での実績がさほどない頃、大きな案件の提案営業をするときには、アメリカの合弁会社に全面的な協力を得ることにしていました。そのおかげで、小さな会社でも大きな仕事を手にすることができるようになったのです。

協力してもらった中で最大の武器となったのは、彼らが準備するビジュアル資料でした。もちろん企画内容も優れていなければなりませんが、クライアントに説明するときにはこのビジュアル資料（カラーイラスト画）が、大きな力を発揮しました。

特にアトラクションの内容を説明するとき、言葉だけでなくイラスト画によって、クライアントに内容をしっかりと伝えることができるのです。

日本でも建築設計の世界では、コンセプト設計の段階で完成図をイラスト画として作成することは一般的で、これをパース画と言います。しかしアトラクションの内容を説明するための動きのあるシーンを描く人は、日本では限られています。

アメリカではこの方式が一般化していて、パートナーは素晴らしいビジュアル画をつくり、送ってくれました。こうしたビジュアルの力は本当に強かったのです。

文字よりもビジュアルの力の強さを痛感しました。

「感動の引き出し」にどれだけ生きた情報を持てるかが勝負

アメリカ人のクリエイターと話すと、「この人たちの言うことはいつも具体的だな」と感心します。その理由は、彼らは自分が経験したものをベースとしており、それによって説得力が生まれることを知っているからです。

「見ているか見ていないかは、天と地ほど違う。見ていなければ人を説得できない」と言われたことは序章で紹介しました。自分が見たものは明確なイメージとして心に刻まれるので、自信を持って相手を説得できるというわけです。

アメリカは日本のような同質性の高い社会ではないので、言葉で相手を説得する必要があります。その説得のために、「感動の引き出し」の中にネタをたくさん持っているべきだと理解し、つねづね準備もしているのです。大事なことは、**自分の感動の引き出しにどれだけ生きた情報を持っているか、そしてそれをいつでも引き出せる心の準備があるかどうか。それはいざというときの強力な武器になります。**

私もこの必要性は十分に感じて、自分の引き出しに数多くのネタを持つ努力は怠りませんでした。国内外を問わず訪問したテーマパークや展示会、イベントでは、メモを懐に頭をフル回転させ、ネタを確保しました。

たとえばアトラクションであれば、「体験した曜日・時間・待ち列の人数・動線・スタッフの対応・乗車人数・発車間隔・体験時間」などの基本データは、頭で覚えるとともに必ずメモに記入します。そして帰りの電車や飛行機の中で、A4用紙1枚に収まるよう簡潔に記録し直します。人は簡単に忘れるので、データとして残すことは必須です。

A4用紙に収める記録は大きく、「事実記録（前述の項目）」と「評価・感想」のふたつに分けます。会社に戻ると、そのデータをコピーしてスタッフに配って報告し、情報を共有します。

とはいえ、「評価・感想」の記録については、他者と共有するには限界もあります。実際に体験したときに自分が受けた「驚き・感動・落胆」などは、言葉ではなかなか表しきれないし、受け手も想像しづらいからです。だからこそ、ドリームスタジオのスタッフがいつでも国内外へ視察に出掛けられるよう、予算を捻出していました。

一方、経験した本人には、驚きや感動がいつまでも長期記憶として大脳皮質に残り、しっかりと自分の引き出しにしまわれていきます。

自ら体験することが、いかに重要かということです。

ダメなものはダメと言えるプロとしての信念

アメリカ人クリエイターの「プロとしての信念、矜持」をひしひしと感じた出来事があります。

かつて九州に新テーマパークをオープンさせるという話が出て、私たちが計画案をつくることになりました。クライアントが事業計画までつくり終わり、内容とデザインの練り直しをしている時点でのことです。私たちはアメリカのライド・アンド・ショーから、社長を含む3人に来日してもらい、その中にはクリエイターのローリー・クランプ氏がいました。

彼はウォルト・ディズニーのもとで、「イッツ・ア・スモールワールド」の外装をデザインした人物です。人形をはじめグラフィックをデザインした有名なメアリー・ブレア氏、音楽を制作したシャーマン兄弟と彼、その三者のコラボレーションによってこのアトラクションができたといっても過言ではありません。21歳のときにディズニーアニメーションに入社してからテーマパークの道をまっしぐら、当時はライド・アンド・ショーのクリエイティブの部長をしていました。

われわれ一行は、クライアントとの打ち合わせと建設予定地の現場調査を終えた後、そこから車で30分くらいのところにある競合の大型遊園地を見に行きました。するとローリー氏は突然、「あの場所であの規模のテーマパークをつくることは無理だ」と言い出したのです。「建設予定地と同じ商圏内にこんなに大型の遊園地があるのでは、ここと競合することは困難で、クライアントの事業計画にあった全方位向けの集客内容では到底勝てない。やるとすれば、思い切ってターゲットをファミリーに絞り、それに見合うユニークで上質なものにすべきだ」と言います。

そうなると現在の集客目標も下げなければならず、計画の練り直しになってしまうと私が説明しても、彼は「それ以外に方法はない。クライアントに説明して、納得してもらうべき」と言い張ります。

確かに彼の経験に基づく主張は筋が通っているので、こちらも意を決してクライアントに話したところ、非常に驚き動揺していました。しかし社内会議を経て、後日こちらの考えに同意してくれました。

私からすれば「このビジネスがなくなってしまうかもしれない」という危惧が強くありました。しかし一方で、ビジネスが潰れてしまうとしてもそれを恐れず、専門家としての見識を述べる信念の強さを、ローリー氏から痛切に学んだのです。

アメリカに帰国した彼が作成したファミリー向けの計画は見事な出来栄えで、クライアントからの評価も極めて高いものでした。

ただ後日談として、この案件はその後クライアント側の自治体の長と、テーマパークの建物に対する見解の相違が生じて破談となってしまいました。ローリー氏の素晴らしい計画が具現化しなかったことは、とても残念です。

ユニークな考えは決して集団からは生まれない

アメリカのエンターテインメント業界、といっても私が一緒に仕事をした人たちは多くがアメリカ西海岸ロサンゼルスのテーマパーク業界で働く人たちですが、私の知る限りでは彼らはアーリーバード（早起き鳥）です。朝7時頃から事務所に来て、昼過ぎの早い時間に帰ってしまうという人も珍しくありません。

ライド・アンド・ショーにいたクリエイターのデーモン・ダニエルソン氏もそのひとり。あるとき私がロサンゼルスに出張することになり、ダニエルソン氏に「午前中に飛行機が着くので、午後に打ち合わせをしよう」と言ったところ、「午後はサーフィンに行くので、打ち合わせは翌日の午前にしよう」と言われました。確かにロスには、サーフィンのできるいいビーチがたくさんあり、彼はそのためにロスに住んでいるのです。

日本のエンタメ業界は、昼頃出社して夜中まで働くスタイルが多かったものです。どんな働き方をしたら午後にはサーフィンができるのか、その仕事ぶりを紹介します。

ダニエルソン氏をはじめ、アメリカ人クリエイターとの打ち合わせは簡潔そのものです。それぞれ専門性がはっきりしているので、こちらの説明やリクエストに対する理解も早く、結論を出すのも早いのです。ときには「本当に大丈夫かな、わかってくれているかな?」と気を揉むこともありますが、いつも結果オーライなのが不思議です。

思ったことは平気でずばずばと言ってきます。こちらはいわゆる発注側なのですが、彼らはそんなことは気にせず遠慮しません。平気で反対意見を言われることもあります。

それでも、はっきり言われたほうがこちらもはっきりと言えるし、仕事が早く進みます。メールのやりとりだけでどんどん仕事を進められるのも、意見をお互いにはっきりと伝え合うからでしょう。

また、日本人の場合は大抵ワイワイと話し合って、「あっちもいい」「これもいいね」などとブレーンストーミングをしますが、彼らはそういうことはしません。**ユニークな考えは集**

団からは生まれず、個人の掘り下げ力から生まれるのだと思いました。

そしてみんな「抜け感」があり、余裕そのもの。これこそが、ユニークなものを考え出す秘訣なのではないかと思います。

アメリカでも変わり者と言われる技術者

知り合ったアメリカ人は、個性を曲げない、というか「曲げなさすぎる」人ばかりでした。いちばん記憶に残っているのは、コンピューターを一切触らないアメリカ人エンジニアです。

「どうしてですか」と聞くと、「俺の親父は機械メーカーで働いていたんだけれど、コンピューターのせいでクビになってしまった。だから俺はコンピューターが嫌いで、それ以来一切触らないんだ」と言うのです。それでいて彼は技術屋なのです。

「動物のからだふしぎ展」という体験型展示イベントで、アメリカから展示物一式を借りて大阪で設営したときのことです。監督者の彼は現場に来ると、機械の組立や調整をひとりで切り盛りしたがり、「俺が全部やるから、手を出すな」と言います。そして電気配線系統などを含めてすべての展示物の設営を終了し、最後にデジタル関係の設置・調整をする段階になると、「はい、コンピューターはお前たちのところでやってくれ」と交代するのです。

実は彼に関しては、事前に気心の知れたアメリカの営業担当から、「今回は少し変わった奴が行くので、悪いがコンピューター系の人間は日本側で手配しておいてくれ」と言われていました。それにしても日本ではこんな人にはお目にかからないよな、偏屈だなとびっくりしたものです。

当然、彼はスマホも持っていません。メールもしません。連絡をとる手段は、ホテルの電話のみでした。

そんな偏屈な彼も、メンバー全員に声をかけて行う最終日の打ち上げに誘うと、意外にも来てくれました。みんながわいわい騒ぐ中でも口数少なく酒を飲んでいながら、帰りがけには「マツモト、また日本に来たいな」と彼から言われたのには驚きました。

このように極端な人物に遭遇したこともありましたが、個性豊かな彼らを見ていると、日本人はなぜこうならないのかと考えてしまいます。

テーマパークの仕事をしていると、ウォルト・ディズニーの言う「子どもの心」を持ったまま大人になったクリエイターが、アメリカには日本に比べてたくさんいるということに気づかされます。

その差は、やはり社会の多様性にあるのでしょうか。日本は画一的な面が多く、成功パターンがあれば即「右へならえ」で同じことをしがちで、「こうあるべき」というルールもみんなでよく守ります。

工場で大量生産をするときなどには、決められたルールでみんな揃って効率的に遂行するという日本人の性質は、確かに強みとなります。一方、アメリカのクリエイターたちは自然と身についた「自分のスタイル」をしっかりと持っています。そういう人たちは、クリエイティビティの必要な仕事にとても向いているのだと思います。

ただ日本でも今まさに、さまざまなビジネスの分野で、クリエイティブな発想が求められるようになってきています。特にゲストひとりひとりに感動を届ける「価値提供ビジネス」においては、ゲストの気持ちに近づく製品・サービスをつくることが必要になるからです。

クリエイティブな発想をするための具体策については、この後の最終章で触れたいと思います。

イグ・ノーベル賞をつくった男の最強の武器

「日本人も捨てたものではないな」と思うのが、「人を笑わせ、そして考えさせる」研究に贈られる「イグ・ノーベル賞」の、年1回の発表のときです。2024年現在で日本人研究者が、なんと18年連続で受賞しているからです。

思わず吹き出してしまいそうな研究に没頭している日本人研究者が、たくさんいるのだと思うと、嬉しくなります。

ドリームスタジオは東京ドームシティの依頼により、2018年に「イグ・ノーベル賞の世界展」という展示会を制作しました。

このイグ・ノーベル賞を創設したのは、アメリカのボストンに住むマーク・エイブラハムズ氏です。メールでのやりとりを重ねた後に、ボストンで落ちあうことになりました。

私が日本からトロント経由でボストンに向かったのは、トランプとヒラリー・クリントンが争った2016年のアメリカ大統領選挙、その投票日の翌日でした。トロント空港のテレビニュースで「トランプの勝利確実」と報じているのを見て仰天したものです。

ボストンで指定されたコーヒーショップに行くと、彼が主催する金曜の定例おしゃべり会が開かれていて、そこに参加していた知識人たちを紹介されました。ハーバードの現役教授や雑誌の編集長など、そうそうたるメンバーでした。

会合後、マークさんとふたりでビジネスランチをとり始めると、やおら「マツモト、俺は悲しい。あんなに無節操なトランプが当選するなんて。このアメリカの嘆きの始まりだ」と悲憤慷慨するのです。さらに「トランプ当選に対して抗議する論説を書いた」と言って、私にその原稿を見せてくれます。私の英語力の限界もあり、マークさんの勢いにタジタジとなりました。

「イグ・ノーベル賞の世界展」では、そんな一本気なマークさんを開会式に招聘し、本物のイグ・ノーベル賞の授賞式のさわりをメディアの前で再現してもらいました。

開会式でマークさんは、本番の授賞式同様にシルクハットを被って現れ、実に軽妙な洒落を飛ばし居並ぶ報道陣を笑わせます。次にこれも授賞式同様の手順で、「長いスピーチは禁止！」と叫ぶ8歳の少女に見立てた若い女性を登場させ、マークさんと掛け合うので、会場は大いに沸きました。

最後は授賞式の最大の見せ場である「紙飛行機飛ばし」をみんなで行い、やんやの喝采でした。このときのマークさんは、トランプ当選に怒っていたボストンのときとは人が変わったように、ユーモアたっぷりのハチャメチャな姿を見せてくれました。

マークさんとは東京滞在中ずっと一緒に行動し、なんとも心の豊かな人だと思いました。イグ・ノーベル賞をつくったきっかけは、彼が長年刊行してきた科学雑誌への投稿の数々が面白く、何とかこれを世の中に出せないかと定例おしゃべり会で語ったことでした。

会のメンバーのひとりで、ノーベル賞受賞者のハーバード大教授から「科学の面白さを知ってもらうためにもやったほうがいい。自分も協力する」と言われ、イグ・ノーベル賞が始まったのだといいます。

ハーバード大学やマサチューセッツ工科大学で行われるイグ・ノーベル賞の授賞式は、プレミアがつくほどの人気で、壇上にはノーベル賞を受賞した面々も嬉しそうに並び、破天荒な授賞式を一緒に楽しむのです。

「マツモト、科学に上も下もないよ。自分の研究に一心不乱になることこそが大切で、馬鹿げているように見えるけど、本人は大いに真面目にやっている。そうした人たちをもっと世の中に知ってもらいたい」

これが彼の持論です。

静かな知識人の顔と、ハチャメチャにおどける顔、ふたつの顔を持つマークさんが私に語ってくれたのは、**「いつも『本音の自分』を出せる準備をすることが大事。困ったときには、それが最強の武器になる」**ということでした。確かに、本音の自分を出すことができれば、それ以上に強いものはないでしょう。

東京ドームシティのギャラリーＡａＭｏで開催した「イグ・ノーベル賞の世界展」には、科学に関心が薄いと思っていた若い人たちがたくさん来場し、大いに盛り上がりました。

「天野尚 NATURE AQUARIUM 展」に驚異の満足度の結果が

私がドリームスタジオを卒業する直前に手掛けた展示イベントとして心に残っているのが、「天野尚 NATURE AQUARIUM 展」です。

水景クリエイターの天野《あまの》尚《たかし》氏が生み出した、水槽の中に自然の生態系を再現する「ネイチャーアクアリウム」を、天野氏の大判写真作品と組み合わせて展示した「生きたアート展」です（226ページ写真）。

天野氏の思想は、「小さな生命を愛せずして、大自然を語ることはできない」というもので、小さな生き物にとっていちばん生きやすい環境とはどういうものかを徹底的に考えてつくられたのが、ネイチャーアクアリウムです。そのうえで、美しく見せることに注力したのです。その中には禅的な思想にも通じる幽玄な水景もあります。

私は天野氏が亡くなった翌年にネイチャーアクアリウムを知ったため、天野氏本人にお会いすることができなかったのが心残りです。ネイチャーアクアリウムというものに惚れ込ん

小さな生き物の世界が凝縮された“生きたアート展”。天野氏の志を受け継いだスタッフによってつくられた水景は、圧倒される美しさと迫力。

で、彼の著書を読み、新潟県にある天野氏の会社を訪問して彼の遺志を継いだ人たちと話し合い、彼らの多大な努力によって東京ドームシティで展示会を開くことができました。

結果は、入場者が5万人を超える大成功の展示となり、来場者アンケートの結果では来場した96％の人が「満足した」という驚異的なものとなりました。さまざまな展示を手掛けてきた私でも経験したことがない満足度の高さで、本当に驚きました。

このとき、「やっぱり人間って、みんなちゃんと『いいものはいい』と感じとるものなんだな」と、つくづくと実感したものです。

最終章

リピーターが求める感動価値を生むために

――あなたが今やるべきこと

本書では、「価値提供ビジネス」でゲストを感動させること、それによってリピーターを生み出すことについて、自分の体験をもとにさまざまな角度から深掘りしてきました。

この最終章では、リピーターが求める感動価値を生むために、あなたが今すぐ取り組むべきことを10点、お伝えします。

1 自己満足でなく信念に基づいた「自分のスタイル」を持つ

世界有数のファッションブランド「CHANEL」をつくり上げたココ・シャネルは、「私はモードではなく、スタイルをつくり出した」と言っています。

モードは流行であり、時の流れとともに終わってしまうものです。しかしココ・シャネルは「自分のつくり出したスタイルは、時代が変わっても変わることはない」という強烈な自負を持っていたのです。

私が主宰したドリームスタジオは、「下請けとなる仕事は一切受けない」というスタイルを貫きました。私には仕事をするうえで、「私たちのつくったものを体験したときに、驚いてもらい夢中になってもらいたい」という強い願いがありました。

クライアントとの間に誰かをはさんだ仕事では、クライアントの真意をつかんで適切な制作をすることも、逆にこちらの真意を伝えることも難しいと思ったからです。

もちろん会社を運営するうえで、利益を出すことは必須のことですし、下請けとなる仕事を断って利益や売上が落ちてしまう懸念もありました。しかし最終的には、ゲストに支持されるものをつくり続けることが、クライアントの信頼を勝ち得て次の仕事にもつながると信じていました。

新しい価値をつくり出そうとする人や、そうした考えを推進する人は、自分の信念に基づく「自分のスタイル」を持つことが必要です。新しい価値を生み出すときに、迷いなく前に進むエネルギーになるからです。

人はでき上がったモノの中に、つくり出した人の意気込みや意志を無意識に感じとり、感動するものです。

したがって**このスタイルは、自分の信念に基づくものと一体でなければなりません。そうでなければ、スタイルは単なる自己満足になってしまいます。**

2　これがベストとみんなが思う「2段上の考え」を絞り出す

すんなりと衆目一致でベストと考えられたものに、人を魅了するものは少ないでしょう。

そもそも衆目が一致するとなった時点で、すでにそれはゲストが抱いているイメージと同じだからです。人は抱いているイメージどおりのものと出合ったとき、一定の納得や満足を得ることはできますが、心から驚いたり感動したりはしないのです。

これがベストとみんなが思っても、そこからさらに2段上の驚きを生み出すものを考え抜くことが大事です。難しいと思うかもしれませんが、いざその気になって考え続けていくと、粘りと執念のその先に、2段上の発想が見えてくるのです。ここでは「あきらめ」は禁物です。

東京ドームシティ アトラクションズに「ルパン三世～迷宮の罠」をつくったとき、最初にチーム全員で「誰も考えつかないもの」をつくり出そうと話し合いました。どんなに突拍子もない考えでも、夢物語であっても、それによってゲストが驚くものであるなら何とか実現できないか？　と、とことん考えました。

「そんなこと、できるわけがない」と最初は思っても、「待てよ、できるかもしれない。どうしたらできるかな？」と考えを進める中で、いつの間にか多くのことが実現に結びついたのです。このとき、いったん立ち止まり「待てよ？　それは……？」とよく考えることが大事です。

アトラクションの企画の場合、物理的には不可能なことでも、要はゲストがそう感じてくれる（錯覚してくれる）かどうかがポイントで、どうしたらゲストの錯覚を生み出せるかを必死に考えました。

今でも印象深いのは、「ゲストが手にしたお宝回収器の中に、目の前のお宝を吸い込む」という発想でした。最初は「この中に吸い込めたら面白いよね？　無理かな」だったのが、「ゲストにお宝を吸収したと思わせる（錯覚させる）にはどうしたらよいか？」と考えるようになり、結果として当初思い描いた形が実現したのです。

2段上のものをつくるために日常的にできる5つのことをまとめました。

①　自分の引き出しを持つ。

第7章で書いたように、いざというときにこれまで溜めておいた自分の記憶の中の「感動の引き出しの情報」が活きてくるのです。

そのためには普段から情報に敏感で、「これは」という情報に出合ったら詳しく調べて確認しておくことや、できるだけ現場に行き、実際に自分の目で見て体験し記録しておくことが必要になります。

②アイデアは紙に書き出す癖をつける。

私は、いつも小さなメモ用紙に輪ゴムでペンを挟んで持ち歩いています。そうすれば、思いついたときにいつでも書き留めることができるからです。

どんなにいいアイデアでも、時間が経てば忘れてしまうことが多いのです。

一方で、思いついたたくさんのアイデアは、後になって見てみると「何だこれは？」というものがほとんどです。それでもときに見直してみると、そうしたものの中にキラリと光っているものを発見することもあるのです。

③行き詰まったら、外に行く。

考えに行き詰まったら、会社の外へ出てひとりで考えてみるのが効果的です。会社の中だけで考えていると、周囲に満ちている「常識」に飲み込まれ、抜け出せなくなることも多いのです。

これは私だけでなく、たくさんの人がすでに実行していることでしょう。

私も会社の近くの2軒のカフェにはよく行きました。半分以上が息抜きでしたが、それでも頭の緊張がほぐれて効果的でした。知り合いが周りにいないと、普段の「常識」からの程よい解放感を感じられました。

④ シンプルに考えると本質に戻れる。

頭の中で考えを進めていくと、いつの間にか本質でなく枝葉の部分に考えが集中してしまう傾向があります。本質が固まらないうちに枝葉の部分を詳細に考えると、複雑になりがちです。ところがこれを「うまく考えが進んでいる」と勘違いすることもあります。

このとき、実は本質からどんどん遠ざかることになっているかもしれません。そして「ゲスト」はシンプルな驚きを求めている」ということを忘れがちになってしまいます。

ピカソは「何か新しいものをつくろうとするとき、(どうしても) それを複雑に考えてつくり上げるので、(結果として) その作品はどうしても醜いものになってしまう」と言っています。シンプルに考えることは、かのピカソにも難しいことなのです。

本質からはずれていると感じたら、立ち止まり、原点に戻ってシンプルに考えることが必要です。

⑤ 頭の中でゲストの隣に座ってみる。

ゲストと同じ側に立つために、つくり手側の自分と、受け手側のゲストの立ち位置を、比喩的に考えてみましょう。

まず、机を間に挟んで自分とゲストが対面で座っていると考えます。その位置関係では、ゲストはなかなか自分に本音を言ってくれないものなのですが、現実には多くの場合、このような関係性（立ち位置）でつくり手側はゲストを捉えています。

次に、ベンチに座ったゲストがいるとします。そこで自分は、ゲストが座っているベンチに行き、その隣に座ります。

隣にゲストがいる気になって、ゲストの気持ちを考えてみてください。ときには独り言のように「今度、こんなものをつくろうかなと思っているんだけれど……」とつぶやくのです。このときゲストはどう反応するでしょうか？

こうしたイメージを持ってゲストを考えていくと、少しずつ「ゲストの本音」が想像できるようになってくるのです。

筆者は長年この発想法をくり返し、ゲストに思いをめぐらせていきました。そうするといつしか、ゲストと同じベンチに隣り合って座り、自分の横にいるゲストと語り合う感じで、ゲストの気持ちがわかるようになっていきました。

3　本当に自分だったら驚くか？　ゲストが心を動かすものの本質を見極める

ゲストに感動してもらうためには、まず自分が心から強く感動するものでなければなりません。

そのため自分が心から欲しいものを思い描き、それが実現したときに本当に自分の心が揺さぶられるかどうか、自問自答をくり返すのです。

その結果、自分がそこで驚き感動すると確信できれば、その発想は本物です。反対に驚く自分の姿が見えなければ、その発想は本物ではないのです。

議論を進める中で、総論や最大公約数を出そうとする議論に負けてはいけません。総論に負けていては、驚きをつくり出すことは到底できないでしょう。

何か他の事例を真似しようとするのも間違いです。どこかでやっていて成功していても、ただ形だけ真似することは失敗につながります。

真似をするのではなく、成功しているものの本質を見極めましょう。そこではゲストは何に驚いているのか？　何に心を動かされているのか？　表面ではなく、その場にいるゲストの気持ちになって本質を理解することです。

ゲストと同じ気持ちになって本質を把握したら、後はそれを実現するために自分たちは何をしたらよいか、考えればいいのです。

再びピカソの言葉を借りると「優秀な芸術家は模倣し、偉大な芸術家は（本質を）盗む」と言っています。

形だけでなく、ゲストが心を動かすものの本質を見極めることが大切で、そのための感受性があなたに求められます。

4　人気のテーマパークや絵本に共通する「プラス1のサービス精神」

小学生なら一度は手にする『かいけつゾロリ』（原ゆたか、ポプラ社）という絵本があります。この本は30年を超えるロングセラーで、小学生に圧倒的な支持を得ています。その理由はたくさんありますが、まず、この本の構成やストーリーが子ども心を巧みにくすぐる内容であることは間違いありません。

次に、本を言葉や挿絵で読ませるだけでなく、「迷路」「なぞなぞ」「まちがいさがし」などといった子どもたちが好きなものを登場させ、子ども心を引き込んでいるのです。私がいちばん感心したのは、読み終わった裏表紙やカバーなどに、隙間なく子どもたちに向けた遊びが用意されていたことです。

「あみだくじ」「クイズ」には、ときに作者の原ゆたかさんから読者への呼びかけもあります。そこには原さんから子どもたちへの徹底したサービス精神があり、「もっともっと子どもたちに楽しんでもらいたい」という気持ちが満ち溢れていて、子どもたちはそれを無意識にしっかりと受け止めているのです。

機能性・効率性が求められるものをつくることに慣れきっていると、よりよい機能や、コスパ・タイパに通じる効率性に終始しがちで、「プラス1」の発想が出てこないでしょう。

人気のあるテーマパークには、こうした「プラス1」が数多く仕込まれています。第3章で紹介した、東京ディズニーランドのクリッターカントリーでの小さなドアの発見などです。それはあえて大々的に告知されることはないので、ゲストがそれを発見したときの驚きは並大抵のものではないでしょう。

今からでも、人気のテーマパークに行って、思いがけない発見をしてみることをお勧めします。そのときに得られた驚きの感覚を自分の心の中に焼きつけることができれば、それは将来価値ある企画をするために必ず役に立つはずです。

5　まず発想ありき。別次元の「コスト」を同時に考えることはありえない

発想とコスト（予算）は別次元のものであり、ゲストが心から驚くようなものは何かを考えるときに、コストの概念は存在しません。つまり求める本質（目的）を徹底的に考えるときには、現実のコストを同時に考えることはできないのです。

求めるものが見え、つくるべきものが決まったら、初めてそこからつくるための検討が始まります。そして、具体的なデザインへと進み、コストとの突き合わせが行われていくことになります。

その中でコスト削減の方策が議論されることもあるでしょうが、本質からはずれることをしてはいけません。本質は維持しながら、コストの削減を検討することは可能なのですから。

現に、私たちが「ルパン三世～迷宮の罠」のアトラクションをつくったときも、この点は悩みました。

アトラクションの中で、イギリスの迷路制作の大家エイドリアン・フィッシャー氏に魔法のような鏡の迷宮（迷路）のデザインを依頼しました。迷路内の柱の装飾も、彼の監修によ

りイギリスで制作し、輸入することにしました。イギリスからの輸入となるとコストがかかり予算を超えましたが、ここはとても大きな演出シーンでどうしてもベストなものをつくりたかったのでそのまま実行し、ほかの部分の費用を圧縮して乗り切りました。

このように、コストの削減は知恵と工夫で乗り切れますが、本質（驚きを生み出す）を間違えると取り返しがつかず、すべての努力を無駄にすることになります。

コストと本質が対立したときは、本質を優先して考えることが大事なのです。

ベーシックな生活必需品の場合は価格や利便性が第一に求められるでしょうが、感動することが求められる価値あるものに対しては、決して妥協してはいけません。**ゲストは価値あるものに対しては相応の対価を払ってくれるという信念をぶれずに持つべき**です。

6　ゲストを集合体として捉えない。個としてのゲストを思い浮かべる

もっともやってはいけないことは、ゲストを類型化し、パターン化してそのニーズを探ろうとすることです。

従来のように、大量生産・大量消費が求められるときには、消費者を集団として類型化することは有効です。しかし**今、新たな価値ある消費を生み出すことを考えるとき、類型化は**

まったく機能しないのです。

ゲストに感動してもらえる価値あるものをつくり出すためには、ひとりのゲスト（個）を思い描き、その個人にどうしたら感動してもらえるかを考え抜くことが大事なのです。

そのため、企画する人は自分の頭の中にひとりの個人を思い描き、その人になりきる（シミュレートする）ことが求められます。

自分にバイアスをかけないように、チームメンバーのフラットな意見を聞くことも大事です。その意見がゲストの意見に近いと感じたら、それをしっかり尊重すべきです。

テーマパークに限らず新しい価値を生み出そうとするとき、ゲストを「個」として捉え、その個を驚かせるものは何かをくり返しイメージすることがポイントになります。

7 百聞は一見に如かず。体験は大脳皮質に蓄えられ、3つの効果を生む

たびたび紹介する「見ることは、見ていないを常に上回る」ということは、単純ですが真理です。これは言い換えると、「見ていないときは、見ている人の言うことに勝てない」ということになります。

インターネットの時代になっても、自分の目で見て体感したものは体に染みついて離れま

せん。もちろんこれは比喩的な表現で、実際には、五感で感じ自分の心が揺さぶられるような感動は、大脳皮質に長期記憶として刻まれていくことになります。

これによって、次の3つの効果が期待できます。

①「伝える力」を持つことができる。

リアルな記憶は、それを伝えるときに生き生きと迫力を持って伝えることができます。そのため、クライアントへの説明やプレゼンテーションではリアルな記憶に基づいた実例を出すことで、聞く人の耳目を惹きつけ、強い印象を与えることができます。

見てきたことのある人間だけが、自信を持って伝えることができるからです。

私もこれまでにクライアントへの提案のとき、どれだけ「見てきたこと」に助けられたかわかりません。その有効性については身をもって感じていたので、国内外を問わず、会社全体で体験を広げる努力を積み重ねてきました。

必要なことは、「いつか行こう」と時間をおくことなく、すぐ体験しに行くスピード感です。時間が経てば、行くことが億劫になってくるからです。

② リアルな体験は「感動の引き出し」を満たす。

実際に体験したことは、自分の「感動の引き出し」に有効な情報としてしまわれます。それがいつか、企画を考えるとき、あるいは議論をしているときに、頭の中で光り出します。つまり「あのときに体験したあの感動をつくり出す演出・技術を、今回使うことができないか?」というヒントが生まれてくるのです。

感動の引き出しに入っている情報に限りがあれば、新しい価値を生み出す発想にも限界が出てきます。普段からどれだけリアルな情報をインプットしておくことができるか、企画の出来不出来は、この引き出しの中にかかっているのです。

③ ゲストの反応を肌で感じる。

自分が体験するとき、周りにいる多くのゲストがどんな反応を見せているかにもアンテナを張りましょう。

たとえば映画館に行ったら上映後、観客が示す反応、すなわち口調や表情、動作、伝わってくる雰囲気は喜びか落胆か、どのシーンが素晴らしかったなどの話の内容までしっかり観察し、自分の感じたことと引き比べて差異があるのかないのか確認します。そうすることで、**自分の感受性が磨かれていく**のです。

こうして感じた「ゲストの肌感」は、企画をする人間にとって、生涯の宝であり武器となっていくのです。

8　世の中の人の嗜好をつかむために行動する

記憶の引き出しを満たすためのリアルな体験のために、さらにはゲストの今の嗜好をつかむために、実際に行動しましょう。

もっとも重要なことは、世の中の人たちが何に関心を持ち何に反応しているかを、ネットを通じてではなく、自分の目で見て確認することです。これはとても重要なことで、私は伝聞によるものは、自分で確かめない限り自分の引き出しの中に入れる情報とはカウントしません。あくまで**自分で確認したものを、「引き出しの情報」**と考えています。

①　本屋では浅く広く情報をつかむ。

本屋には足しげく通い、雑誌は見出しと目次を中心に拾い読みし、これはというものは購入してじっくりと読みます。雑誌は広く浅く世の中を知るため、雑学を増やすためのツールです。

外国のトレンドを知ることは、将来の予測をするうえで重要なことなので、本屋でも意識してネタを拾い読みします。そのうえでこれはというものは、さらにネットで関連情報を探します。

② 文化施設やテーマパークに行って肌感を養う。

机の前だけではなく、外に出て世の中を見て歩くことがとても大事だと考えています。たとえば手近な美術館や博物館、これはという展示会（企画展）には、できるだけ行くようにしましょう。

私にとっての展示会の目的は、大きくふたつあります。

まずひとつは、先人やアーティストたちの生きざまを自分の心で感じることです。そして心に響いたら、自分の引き出しにしまうようにしています。

たとえば「ガウディとサグラダ・ファミリア展」（２０２３年）に行ったときは、「人は創造しない。人は発見し、その発見から出発する。（中略）何ごとも過去になされたことに基づくべきだ」というガウディの謙虚な言葉をかみしめました。**新しさばかりを追い求めず、本質の大切さを足元から学ぼう**と思いました。

「高畑勲展　日本のアニメーションに遺したもの」（２０１９年）では、ものづくりにかける用意周到さとプロ集団の仕事の流儀、純粋さに心を打たれました。

ふたつめの目的は、展示会に来ている人たちの様子を観察することです。そこに来ているのはどんな人たちか、若い人か年配か、その人たちが何に対してどんな反応を示しているか、感動しているかあるいは漠然と見ているだけかなどを察知し感じとり、頭の中で分析し、記憶していきます。

テーマパークを訪れるのももちろんお勧めです。有名なテーマパークは、感動づくりの仕掛けが満載です。できれば平日の比較的空いているときに、プライベートで行くのがいいでしょう。

私もときどき、フレッシュな気持ちになるために出かけています。園内ではゆっくりと風景やゲストのようすを見て歩き、あらかじめ予約したレストランで食事をするくらいですが、日常とは違った空気を感じることでよしとしています。

③ 人も習慣も異なる海外で刺激を受ける。

海外に行けば、見るもの聞くもののほとんどが新鮮な体験となるので、感受性を高めるのに非常に有効です。私は海外でも人がたくさんいるところに行くのが好きです。

最近、北欧フィンランド・ヘルシンキの街歩きで「誰にも構われない優雅さ」を知りました。大きな通りを歩いていても、人はいるのですが実に静かでゆったりしていて、大人の雰囲気で一見話しかけにくいかと思いきや、道を尋ねると親切に的確に教えてくれます。世界各国で、道を尋ねると聞く人聞く人がそれぞれ違うことを言うのに慣れている私には、とても新鮮でした。

駅も本当に静かです。日本の駅を想定していると、こんなにアナウンスがないなんて列車に乗り損ねるのではないか？　と不安になってきますが、みな悠々としています。

日本の都会の駅がなんという喧噪さなのかと驚きます。日本の都会では、駅でも車内でもひっきりなしに案内放送が流れています。駅の案内、乗り換え情報、乗車マナーから沿線での行事案内まで、これでもかと放送します。

ヘルシンキでは、四六時中忙しく駆り立てられることのない大人の世界を味わい、心地よいとはこういうことかと実感できました。日本ではなかなか味わえない、人間の本質的な部分に触れたと思います。

海外旅行はできるだけ個人旅行がお勧めで、街並みを見ながらの散歩をしたり、美術館、図書館、公園、気の利いたカフェなどに行ったりすることで、新たな発見ができます。

④ 街歩きで本音で話す個人店のオーナーと出会う。

街歩きはとても大事です。街には、過去と現在が凝縮して現れているからです。

私は特に、海外での街歩きが大好きです。最近は観光地の建造物を見るよりも、通りを散策し、そこに住む人たちの空気感に浸ることを楽しみにしています。何かしら心に感じることがあるからです。

イタリアのナポリの旧市街は、生活感がにじみ出ていて、なんだかウキウキしてきます。スケールは違いますが、私は横浜の野毛の街を思い出します。庶民に愛される繁華街で、細い路地があり、昔ながらの下町感があるところが似ているのです。このウキウキ感は、肌感として得る感性を養う意味で大事なことです。

日本でも各地に行くたびに、その街の通りを歩いてお店の人などと会話をするのが大好きです。個人店のオーナーはたいてい気さくで、商売気を出すよりも本音で話してくれることが多いからです。都会ではお互いに心の余裕がなく、本音での会話の機会が少ないと感じています。

9 専門家の力を十二分に発揮させる向き合い方

新しいものをつくるとき、外部の専門家を起用することは極めて重要です。

そのとき大事なことは、その専門家に何を期待するかを明確に伝え、専門家がそれに応えられるかどうかをはじめに確認することです。そのとき、できないことや目標をはっきり言う人が好ましいです。はっきりと言う専門家は、実は案外少ないものです。

こちらと違う意見を明確に言う人は貴重ですから、その後の仕事ぶりを確認しましょう。「これは」という人がいたら、もう一度その人と仕事をする機会をつくるようにして、信頼できるかどうかを確認するといいでしょう。

一方で、その人の雰囲気や、気が合いそうなどといった曖昧なことで専門家を選択してはいけません。

もっともよくないのはこちらに迎合しようとする人で、極力避けたほうがよいでしょう。

しっかりと自分の意見を言い、いいものをつくっていこうという意欲のある人を、根気よく探すことが大事です。ただし、自分の意見を言うことと意固地であることはまったく異なるので、注意しましょう。

新しい価値あるものをつくるためには、ときにはそれまでにない発想と取り組みが必要になってきます。そうしたことを面倒に感じる専門家は避け、新しい取り組みを面白いと感じ、本音で話せる専門家と向き合うことが大切です。そのためにはこちらも、彼らの仕事ぶりにしっかりとした敬意を払うことも必要です。そのうえで、とことん具体的で突っ込んだ議論をするのです。

専門家と仕事をするときに大事なことは役割分担です。われわれは目的に沿った目標を掲げ、外部の専門家は目標を実現するための具体的・技術的な方法論を考えるのが基本で、意見をぶつけ合います。

真剣に衝突することは、本質に近づくこととなります。いわゆる創造的衝突（Creative Conflict）が起きることによって、新しい価値が生まれてくるのです。

10　発想を持続させるためのちょっとした工夫

考えが堂々めぐりをしたり、アイデアが浮かんでも具体性がなかったり、考えることの壁にぶつかることはよくありますが、そんなときどうしたらよいか考えてみましょう。

①　行き詰まったら「現場に行く」。

多くの場合、答えは現場にあります。時間が許すのであれば、当該の現場に行って肌で感じてください。自分の考えの欠けている部分が見えてくることがあります。そこを埋めるにはどうしたらよいかを考えるのです。理屈なしに新しい考えが浮かんでくることがあります。行き詰まったら「現場に行く」は、基本です。

実は私も大きなアトラクションづくりを進めるうえで、行き詰まることが何回もありました。そんなとき、私にとっての「アトラクションづくりの現場」は東京ディズニーランドと割り切っていたので、平日の夕方からでもひとりでよく行きました。

そうすることで、立ちはだかる壁の向こうが見えるようになるときもありましたし、やはり自分の考えは甘いと自戒することもありました。時に行き詰まりを打破できず、空振りに終わることもありましたが、東京ディズニーランドは知恵とアイデアが詰め込まれた場所なので、たいていは何らかの刺激を感じられることが多かったものです。

②呼吸法で頭の中を新鮮にする。

大学時代、合気道部で呼吸法を習いました。

深い呼吸をする、いわゆる腹式呼吸で、息を深くゆっくりと吸い、ゆっくりと吐くだけですから、いつでもどこでもできます。

ポイントは、吸い込んだ息をお腹の中までゆっくりと送り込み、次にそれをゆっくりと外に吐き出すことです。

これを10回やることで気持ちがリセットされ、頭の中がゆったりとします。いわゆる気分転換になり、フレッシュな気分になります。

逆に集中力を高めるためにもこの呼吸法は有効です。以前、大事なクライアントへのプレゼンテーションの前に、ひとりになれる場所でこの腹式呼吸を行いました。

これをやると、余計な雑念が消え、集中力が出てきます。そのうえで最後は両頬をたたき、いざという席に臨みました。まるで土俵上の相撲とりが時間いっぱいで仕切りに向かうとき、両頬をたたいているのと同じだなと思っていました。

この腹式呼吸は慣れると実に簡単で、余分な緊張感が適度に解放され、頭の中が新鮮な気分になります。その意味でとても効果的だと思っています。

③ その場を離れる。

2の③でも「行き詰まったら、外に行く」と、カフェなどに行くことを勧めましたが、今いる場所から一時的に離れた場所で改めて考えることは、とても効果的です。

よく言われることですが、トイレの中や、ベッドでうとうとと寝つきそうなとき、あるいはお風呂の中など、仕事の場と違う環境にいるときにぱっといい考えがひらめくことはよくあるのです。散歩中によくひらめくという人もいます。

図書館は、私の場合には向きませんでした。どうしても「本を読まなければ」という観念に囚われてしまい、かえって集中できなかったのです。

④ 継続するために、小さな息抜き。

考えを深めることは、ときには〝藁の山の中に落とした針を拾う〟ように感じるときもあります。

それでも考えを深めることを継続し続けることはとても大事ですが、そのために小さなブレイクも必要です。

私の場合は、趣味でやっているトランプゲームの「コントラクトブリッジ」が息抜きになります。ふたり一組がチームとなって対戦する世界共通ルールの知的ゲームで、海外でさかんに行われ定期刊行誌もあります。これをいつも持ち歩き、例題や解説を少しだけ読んでいると気分が楽になるのです。それは10分のときもあれば20分のときもありますが、とてもいい息抜きと気分転換になっています。

人それぞれ、こうした小さな息抜きの時間を確保しておくのは、とても有効だと思います。

おわりに

35年前に飛び込んだテーマパーク業界の仕事は、その前の印象と後の現実とが、大違いでした。「簡単そうに見えるものほど、実は難しい」という言葉がありますが、まさにそのとおりだと実感しました。いざ飛び込んでみると、やればやるほどまるで蜃気楼のように遠ざかっていく。自分が見ていると思っていたのは、海に浮かぶ氷山の上の部分で、その下にある大きな部分が見えていなかったのです。

アトラクションづくりに関してはある程度見通せても、つくった後のこと、つまり利用するゲストの心に響くかどうかに確信が持てません。

どうしたらゲストの心に響くものをつくることができるか？

たくさんのヒントをくれたのは、アメリカ人のクリエイターたちでした。「自分がゲストになって心から楽しめるかどうかだよ」と。それはつくり手の論理に囚われず、ゲストと同じ目線になり、気持ちを共有するということ。そのためにはどうしたらよいか、彼らの考え方や仕事の進め方に、懸命に耳を傾け、学んでいったものです。

答えが見え始め、はっきりとした形で自分のものになるまでには、それからさらに長い時間がかかりましたが、やっと自分なりの答えにたどり着けたと思います。

それは**「ゲストに対してとことん誠実であること」**。

ゲストが持つ無意識の本能は鋭く、提供されるものの本質を見抜くので、こちらは誠実であるしかないのです。これはテーマパークに限らず、ゲストに向けて新しい価値を提供しようと思うときに共通する、ビジネスの鉄則だと信じています。

本書では、リピーターを生む「感動」についてさまざまな角度から語るために、失敗も含めて自分の体験をひもときつつ、できるだけ具体例をもとに、情景が浮かんでくる内容とすることを心掛けました。35年前にこうした指南書があれば、自分はどんなに楽だっただろうと思いを馳せながら執筆しました。

本書の最後に、これまで、つらい時期にも戦友としてともに苦労してくれたドリームスタジオのすべてのスタッフに、心から「ありがとう」という言葉を贈ります。

２０２５年４月

松本公一

松本公一

1946年、神奈川県横浜市生まれ。慶應義塾大学経済学部卒業後、東洋エンジニアリング入社。海外営業担当を経て1989年、同社が出資し設立した日米合弁会社フューチャリスト・ライドアンドショーの専務に就任。その後2001年独立し、新会社ドリームスタジオの代表となり全国のテーマパーク・遊園地向けにアトラクション開発やエリア開発を行う。代表的なアトラクションは、「アドベンチャーラグーン」（志摩スペイン村）、「ルパン三世〜迷宮の罠」（東京ドームシティアトラクションズ）、「東京ワンピースタワー」内7つのアトラクション（東京タワーフットタウン）、「トーマスランド」（富士急ハイランド）、ゲスト参画型の展示イベントは、「ジュラシック大恐竜展」「からだのふしぎ大冒険」「PIXARのひみつ展」などがある。

講談社＋α新書 885-1 C

テーマパークのプロの感動をつくり出す仕事

なぜ、ゲストはリピートするのか？

松《まつ》本《もと》公《こう》一《いち》 ©Koichi Matsumoto 2025

2025年4月1日第1刷発行

発行者―――篠木和久

発行所―――株式会社 講談社

東京都文京区音羽2-12-21 〒112-8001

電話 編集(03)5395-3522

販売(03)5395-5817

業務(03)5395-3615

デザイン―――鈴木成一デザイン室

取材・構成―――小泉明奈

カバー印刷―――共同印刷株式会社

印刷―――株式会社新藤慶昌堂

製本―――牧製本印刷株式会社

図版制作―――朝日メディアインターナショナル株式会社

Printed in Japan

ISBN978-4-06-535668-5